FOYERS
ET
COULISSES

HISTOIRE ANECDOTIQUE

DE TOUS LES THÉATRES DE PARIS

GAITÉ

TOME Ier

AVEC PHOTOGRAPHIES

PARIS

TRESSE, ÉDITEUR

GALERIE DE CHARTRES, 10 ET 11
PALAIS-ROYAL

MDCCCLXXV

Tous droits réservés.

POÈME

DE

OULISSES

CHANT I

PARIS

FOYERS & COULISSES

SEPTIÈME LIVRAISON

GAITÉ

TOME PREMIER

EN VENTE:

LES BOUFFES-PARISIENS
LES FOLIES-DRAMATIQUES
LES VARIÉTÉS
LE PALAIS-ROYAL
LA COMÉDIE-FRANÇAISE (2 vol.)
LE VAUDEVILLE (1 vol.)

SOUS PRESSE:

LE GYMNASE (1 vol.)
L'OPÉRA (3 vol.)

Chaque volume : **1 fr. 50**

Paris. — Imp. Richard-Berthier, 18-19, pass de l'Opéra.

51, RUE D'ANJOU, 51

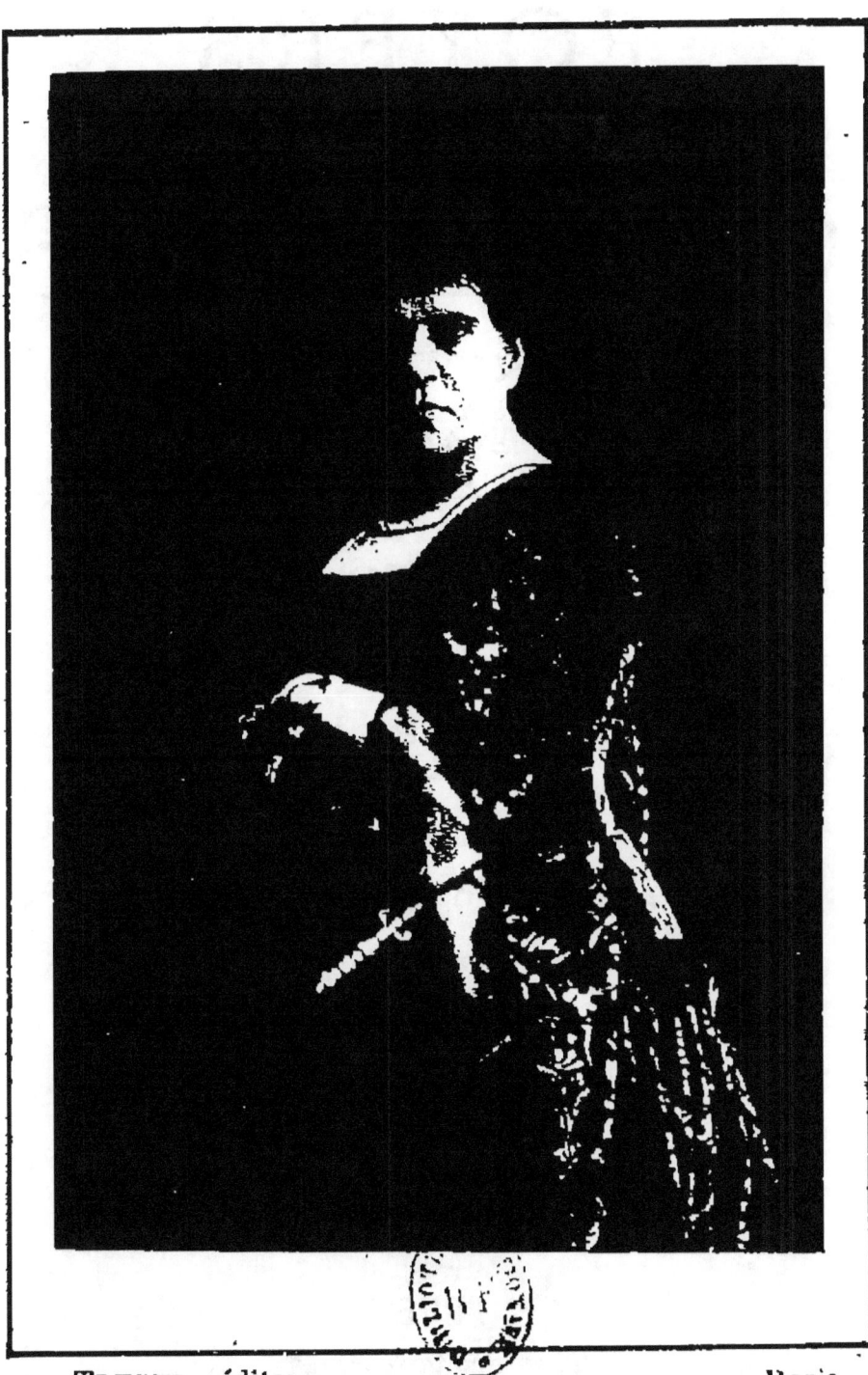

TRESSE, éditeur.   Paris

FOYERS
ET
COULISSES

HISTOIRE ANECDOTIQUE DES THÉATRES DE PARIS

GAITÉ

TOME PREMIER

—

1 franc 50

AVEC PHOTOGRAPHIES

PARIS
TRESSE, ÉDITEUR
10 ET 11, GALERIE DE CHARTRES
Palais-Royal

—

1875
Tous droits réservés

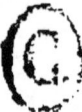

GAÎTÉ

(1770)

Le Duc de Vendôme venait de faire élever un superbe hôtel sur les terrains formant l'angle du boulevard du Temple, lorsque, vers 1758, les bateleurs attirés sur ce boulevard par le public, qui semblait le choisir comme promenade favorite, commencèrent à y faire des parades. Un sieur Gaudon et son associé Nestres, qui tenaient une baraque à la foire Saint-Germain (1), furent les premiers qui s'installèrent sur le nouveau boulevard (à l'emplace-

---

(1) La foire Saint-Germain était une des plus anciennes de Paris, car elle remonte aux lettres-patentes accordées par Louis XI à l'abbé de Saint-Germain-des-Prés, en date du mois de mars 1482, cette foire s'ouvrait le 3 février et durait jusqu'au dimanche des Rameaux; on y comptait quatre salles de spectacle et une salle de danse ou Wauxhall.

« Chronique des petits théâtres. — Brazier.. »

ment qu'occupaient les Folies-Dramatiques). L'année suivante ils vendirent leur établissement à un nommé Faure.

Dans la troupe de Gaudon était un arlequin du nom de Nicolet, lequel avait un fils, pitre de la troupe; désireux de tenter la fortune, le jeune pitre Nicolet loua à Faure, la salle du boulevard du Temple, dans l'intention d'y donner un spectacle de fantoccini pareil à celui de Servandoni sous Henri III. Nicolet ouvrit sa petite salle, sorte de théâtre forain, en 1760...

Encouragé par le succès, le jeune directeur en 1764 loua un terrain à côté de l'endroit qu'il occupait, y fit construire une salle de spectacle en bois, non sans rencontrer de grands obstacles. D'abord il lui fut défendu d'élever son théâtre plus haut que les remparts, ensuite le terrain inégal, les fossés qu'il dût combler furent sur le point de le faire renoncer à son entreprise; mais il ne perdit pas courage, pressentant que sa fortune était là et triompha de toutes les difficultés. Trois années plus tard il devenait propriétaire du terrain (c'était l'emplacement occupé depuis par la Gaîté).

Sur la façade du théâtre Nicolet on lisait :

Salle des grands danseurs.

On y représentait des pantomimes, on y

voyait des sauteurs, des danseurs de corde, les hercules les plus étonnants, les équilibristes les plus adroits déployaient leurs talents ; c'était *toujours de plus fort en plus fort chez Nicolet* ; aussi faisait-il salle comble.

En 1767, Nicolet fit l'acquisition d'un d'un acteur qui excita bientôt l'admiration de tous les parisiens : c'était un singe savant qui exécutait avec beaucoup d'intelligence des scènes bouffonnes. Quelque temps après ses débuts à la Comédie-Française, Molé étant tombé malade, l'idée vint à Nicolet d'affubler son singe d'une robe de chambre, d'un bonnet de nuit avec un ruban jaune, de pantoufles et, dans ce costume, de lui faire représenter le comédien moribond ; le singe se donnait des airs, faisait des mines et cherchait à exciter la commisération publique. Son succès fut si grand, qu'il inspira au chevalier de Bouflers des couplets qui ne sont pas de la première force pour un académicien :

> Si la Mort étendait son deuil
> Ou sur Voltaire ou sur Choiseul,
> Paris serait moins en alarmes
> Et répandrait bien moins de larmes
> Que n'en ferait verser *Molet*
> Ou le singe de Nicolet.
>
> Peuple ami des colifichets
> Qui porte toujours des hochets,

> Rends grâce à la Providence
> Qui, pour amuser ton enfance,
> Te conserve aujourd'hui *Molet*
> Et le singe de Nicolet.

Le crieur de Nicolet avait conquis une réputation comme l'un des plus prodigieux aboyeurs à la porte des théâtres.

Voici l'une de ses annonces :

« Entrez ! entrez ! Messieurs, entrez ! Mesdames, entrez voir le *Grand Festin de Pierre !* M. Constantin remplira le rôle de *Don Juan*, et sera précipité dans les enfers *avec toute sa garde-robe !* »

Le public ne résistait pas à de pareilles séductions, et le théâtre de Nicolet ne désemplissait pas !

Il y a une vingtaine d'années le théâtre des Funambules avait encore un aboyeur annonçant les féeries de Champfleury, Deburau ou Paul Legrand.

Le dernier crieur a été ce petit bonhomme rabougri qui annonçait d'une voix chevrotante le spectacle à la porte du théâtre Séraphin.

La fortune rend audacieux; Nicolet encouragé par la prospérité remplaça bientôt ses marionnettes par des acteurs vivants et aux exercices du singe, aux danses de corde, ajouta des petites pièces comiques de la composition d'un sieur *Taconnet*, doué d'un talent original et fécond, et, qui par ses parodies, ses farces, ses parades pleines d'une gaîté populaire et communicative, mérita le surnom de *Molière du boulevard.*

Taconnet était un grand buveur dans toute l'acception du mot, et ne connaissait pas de preuves plus manifestes à donner de son dédain, que de dire : « Je te méprise comme un verre d'eau. »

Un jour que Taconnet était attablé chez Ramponneau avec son ami Constantin, autre buveur aussi intrépide que lui, ils parièrent de mettre à sec un tonneau de 120 bouteilles sans désemparer. Le tonneau est roulé dans la salle, et les deux buveurs se mettent à l'œuvre s'excitant mutuellement par leurs plaisanteries. Les deux tiers de la pièce de vin sont avalés, mais Constantin commence à perdre l'équilibre; Taconnet tient bon; pourtant, après une douzaine de fioles vidées de nouveau, il est obligé de demander une trêve d'une heure qui est accordée... Jugeant qu'il y a danger de continuer le combat, les adversaires des deux champions déclarent que la séance est levée, et vident le reste de la futaille par humanité pour leurs camarades vaincus. Constantin mourut des suites d'une orgie rentrée.... Taconnet en moins de dix ans, composa plus de soixante pièces, dont les plus renommées sont: le *Savetier gentilhomme,* les *Ahuris de Chaillot, Riquet à la houpe,* la *Mort du bœuf gras,* le *Baiser donné et rendu,* la *Belle Bourbonnaise.*

Cette dernière fut faite sur la chanson de ce nom alors fort à la mode, et dont l'auteur était l'abbé Lattaignant, chanoine de Reims.

Les tours attrayants, les gentillesses du singe de Nicolet, et les traits licencieux dont la plupart des pièces étaient remplies, attiraient une grande affluence au théâtre des Grands danseurs; cela ne manqua pas d'exciter la jalousie des directeurs de l'Opéra, qui firent interdire la parole aux acteurs de Nicolet et les réduisirent à jouer la pantomime. Mais cet ordre ne fut pas longtemps en vigueur, et les acteurs de Nicolet retrouvèrent l'usage de la parole.

Pourtant, la fortune commençait à devenir capricieuse, lorsqu'en 1770 un incendie détruisit le théâtre. Nicolet le fit rebâtir aussitôt, et grâce à une représentation qu'il avait donnée à Choisy devant le roi et Mme Dubarry, il obtint la permission de mettre sur la façade :

« *Théâtre des Grands Danseurs du Roi.* »

Dès lors, son répertoire se composa d'ouvrages à spectacle et d'arlequinades montés avec un grand luxe ; les entr'actes étaient remplis par des tours de force et d'équilibre. Cinq ans plus tard, un nouveau revers vint frapper Nicolet : son auteur de prédilection, celui à qui il devait une partie de sa fortune, Taconnet, à la suite d'une blessure qu'il s'était faite à la jambe, mourut à l'âge de 45 ans. C'était une perte irréparable pour le directeur ; la vogue de son théâtre diminua, et il ne parvint à ramener la foule qu'en faisant venir d'Espagne des faiseurs de tours de force d'une adresse prodigieuse.

Nicolet mourut en 1789, et le nom de son théâtre : *Les grands danseurs du roi*, fut remplacé par celui de :

Théâtre de la Gaîté.

En 1791, un décret de l'Assemblée nationale proclama la liberté des théâtres... Alors la Gaîté, tenue par la veuve Nicolet, joua l'ancien répertoire français ; chaque fois que l'affiche annonçait une pièce de Molière pour la première fois, le peuple ne manquait pas de demander l'auteur à grands cris. Lorsqu'on donnait *Tartuffe*, à chaque instant on entendait ces exclamations : « ah ! le scélérat !... ah ! le coquin ! arrêtez-le donc ! » Les danseurs de Nicolet se voyant supplantés par les acteurs parlants, prirent bravement leur parti ; dans ces temps d'élan patriotique, ils n'hésitèrent pas à échanger leur balancier contre un mousquet, lors de la levée des quatorze armées. Ce fut notamment dans la seconde compagnie franche du Louvre que s'enrôlèrent ces jeunes gens ; mais mauvais marcheurs comme le sont généralement tous les danseurs, ils eurent à souffrir d'abord ; cependant leur bravoure et leur joyeuse humeur les firent aimer... Quelques uns méritèrent et obtinrent des grades honorables.

En 1795, un homme qui, par son intelligence et sa volonté opiniâtre, était sorti des rangs des figurants pour devenir acteur original et directeur habile, Ribié, exploitant à la fois jusqu'à six théâtres ou bals publics, prit la direction de la Gaîté et changea ce nom contre celui de :

Théâtre d'Émulation ;

le changement de nom ne porta pas bonheur au théâtre, sa direction, ne dura que quelques années ; car le pauvre Ribié, malgré sa réputation de bien battre la caisse roulante, ne battait pas monnaie dans la caisse directoriale. C'est lui qui inventa les affiches monstres, tellement en vogue aujourd'hui. Il annonçait le dimanche : le *Moine,* mélodrame en 5 actes, avec pluie de feu ; le *Mariage du capucin,* mélodrame en 3 actes ; *Kokoli,* pantomime dans laquelle M. *Ribié* battra de la caisse ;

le *Drôle de corps* et le *Galant savetier*, vaudevilles ; le *Ballet des marchandes de modes*, et des tours de physique dans les entr'actes. (1).

A cette époque les cafés étaient loin du grand luxe de ceux de nos jours. Le café de la Gaîté, par exemple, se composait d'une salle immense, et d'une chambre au fond, dans laquelle était un billard ; des tables vermoulues, entourées de tabourets boîteux, garnissaient la salle des buveurs ; quatre mauvais quinquets accrochés au mur fumaient au lieu de brûler ; tel était le confortable du café placé sur le boulevard à la mode. Que diraient de cela les habitués de Tortoni ou de la Maison d'or ?

De même que la révolution commençait une ère nouvelle, de même, le boulevard du Temple prenait une nouvelle face ; cinq ou six théâtres s'y installaient, sans se nuire l'un à l'autre. Le genre de pièces qui dominait alors lui fit donner le surnom de : *Boulevard du crime,* justifié par les mélodrames.

Le théâtre de Nicolet, en passant dans les mains habiles de M. Coffin-Rosny, en 1799, avait repris son titre de *Théâtre de la Gaîté* pour ne le plus quitter. Deux acteurs choyés et aimés du public, Tautin et Marty, venaient de débuter. Une heu-

---

(1) Chronique des théâtres.

reuse diversion aux coups de poignard, aux meurtres, aux incendies, se produisit avec une féerie intitulée : le *Pied de mouton*, jouée en 1805. Cette pièce fit la fortune du directeur.

L'acteur Dumesnil était superbe de bêtise quand, dans son rôle de niais, il disait cette phrase qui fut après dans toutes les bouches pendant plus de vingt ans : « Demandez plutôt à Lazarille ».

L'auteur de la pièce, Martainville, a beaucoup travaillé pour le boulevard; c'était une riche organisation, à l'imagination ardente, ayant de l'esprit et du courage... A l'âge de quinze ans, traduit devant le tribunal révolutionnaire pour un écrit sur le prix des denrées, le président l'appelant : *De Martainville,* il se lève, et dit : « Citoyen président, je ne me nomme pas de Martainville, mais bien Martainville ; n'oublie pas que tu es ici pour me *raccourcir* et non pour me rallonger ». — Ce mot fit rire ses juges qui n'étaient pas coutumiers du fait. En 1794, il rédigeait un journal royaliste ; un jour, se trouvant au Café des aveugles, il est entouré et contraint d'improviser un couplet patriotique, il monte sur un tabouret et chante ceci :

« Embrassons-nous, chers Jacobins ;
Longtemps je vous crus des mutins
Et de faux patriotes ;

Oublions tout et désormais
Donnons-nous le baiser de paix :
J'ôterai mes culottes. »

Soudain, de toutes parts, les cris : à l'eau ! au bassin ! retentissent ; il paye d'audace, descend du tabouret et traverse, en riant, la foule qui le laisse passer sans rien dire.

Après le décret de 1807, qui supprima si brusquement vingt-cinq théâtres, la veuve Nicolet, à la suite d'un long procès pour faire reconnaître ses droits, rentra dans l'exercice de son privilége, dont elle confia l'exploitation à son gendre, M. Bourguignon, qui s'adjoignit M. Dubois comme premier lieutenant. Le premier soin du nouveau directeur fut de faire rebâtir sa salle par M. Peyre, habile architecte, qui la livra le 3 novembre 1808. Le prologue d'ouverture était de Hapdé, il avait pour titre : le *Siége de la Gaîté*. C'est alors qu'on vit fleurir les mélodrames de Ducange, de Hapdé, de Cuvillier, de Guilbert de Pixérécourt, de Caigniez, etc.; l'*Ange tutélaire ou le démon femelle*, la *Tête de bronze*, le *Précipice*, l'*Homme de la forêt noire*, *M. et Mme Denis*, *Androclès ou le lion reconnaissant*, la *Forteresse du Danube*, *Marguerite d'Anjou*, les *Ruines de Babylone*, *Miniski ou le tribunal de famille*, *Victor ou l'Enfant de la forêt*, *Jocko ou le Singe du Brésil*, et tant d'autres qu'il serait trop long de nommer, eurent de grands succès.

Ceci est la seconde époque de la Gaîté. La salle de bois avait été démolie et remplacée par un élégant théâtre à trois rangs de loges.

Les chefs d'emploi de la Gaîté, à cette époque s'appelaient : *Tautin,* père de Lise Tautin des Bouffes, morte tout récemment en Italie; *Marty*, le fameux *bénisseur* qui est mort maire de Courbevoie; *Lafargue* (rien du Figaro), *Dumesnil, Paschal, Genest, Tony, Camel, Mulot,* et *Boulanger* et du côté des dames : *Bourglais, Picard, Hugens, Joigny, Julie Pariset*.

Les étoiles en représentations s'appelaient : *Raffile, Stokleit;* plus tard, MM. *Francisque aîné,* artiste d'un grand talent et que l'on regrettera toujours; son frère, *Francisque jeune*, l'enfant gâté du public, était, quand il mourut, conservateur de la bibliothèque de la Société des Auteurs dramatiques; *Delaistre,* grande intelligence artistique ; *Joseph, Jean Baptiste Deshayes, Saint-Marc, Surville,* bons acteurs ; *Serres,* célèbre par sa création de Bertrand dans l'*Auberge des Adrets; Dubourjal,* talent varié ; *Gouget,* bon jeune premier, (dernièrement secrétaire général du Châtelet) ; *Albert,* comédien rempli d'intelligence ; *Charlet,* Frédérick Lemaitre, premier

comédien de l'époque, en représentations ; *Matis, Bignon, Laferrière*, talent et jeunesse qui défient le temps ; *Paulin-Ménier*, immortalisé par sa création du *Courrier de Lyon*, grande conception artistique ; *Lacressonnière, Arnauld, Febvre, Josse, Clarence*, beau comédien ; *Berton*, artiste digne de la Comédie-Française ; *Dumaine*, beau premier rôle (a pris de l'embompoint !) ; *Charles Perey, Emmanuel*, bon père noble ; *Manuel, Leroy, Latouche, Perrin, Lemaire, Derville*, comédiens de mérite ; *Alexandre*, parfait comique ; *Lacroix, Gaspart, Desrieux, Charles Dalhaiza, Lequien, Zimmer, Lamy, Veniat*, acteurs remplis de zèle ; *Neuville, Hyacinthe*,
   Mesdames : *Clarisse-Miroy*, intelligence d'élite ; *Lemesnil, Mélanie, Léontine, Abit, Freneix*, artistes aimées à juste titre ; *Sarah-Félix, Jamini, Darmont, Stéphanie, Cheza, Cortez, Lagrange, Pauline, Leroyer, Lées, Jeault*, bonne duègne ; *Déjazet*, le printemps et le talent éternels (en représentations) ; *Eugénie Doche* (en représentations) ; *Lia-Félix*, digne sœur de la grande Rachel ; *Lacressonnière, Arnault, Juliette Clarence*, excellente comédienne au jeu plein de charme ; *Talini*, beau premier rôle, rappelant la célèbre Mlle Georges ; *Marie Delaistre*, bon sang ne peut men-

tir ; *Lacroix, Desmonts, Duverger, Garrique, Derval*, belles intelligences ; *Anaïs Moré, De Ferté, Mongeal, Mathilde*, Mme *Chéza*, l'une des pierres fondamentales de la Gaîté ; *Stéphanie*, surnommée la *Bonne...* pas comme actrice...; Mme *Lagrange*, une grosse aimable dame, ayant un nez pointu et des faux airs de Léontine; Mme *Lambquin*, comédienne d'élite ; *Laurentine*, son titre est amoureuse; *Hortense Jouve*, soubrette de la tête aux pieds ; Mme *Boudeville*, toutes les qualités des premiers rôles de drame ; Mme *Cabot*, a succédé à Mlle Eugénie Sauvage ; Mlle *Dinah-Félix*, la plus jeune sœur de Rachel, commença par jouer les rôles d'enfant à la Comédie-Française et au Gymnase ; Mlle *Meignan*, actrice intelligente et pleine de tenue ; Mme *Naptal-Arnault*, venue du Théâtre-Français, c'est tout dire.

Le répertoire d'ailleurs sautait du mélodrame à la farce et même à la pantomime, le tout entremêlé de vaudevilles.

Les pantomimes avaient des titres aussi ronflants que les mélodrames; c'étaient : *La main de fer ou l'épouse criminelle; Valter le cruel*, etc., etc.

Les représentations commençaient à six heures et demie, mais le dimanche la Gaîté, comme tous les autres théâtres, dits des *boulevards du Nord,* devait lever son rideau à cinq heures précises du soir.

C'était une récente ordonnance de police qui le voulait ainsi (septembre 1811). J'y relève, après M. Oswald, un souci de morale, qui mérite d'être mentionné :

« *La plus grande population de Paris n'a que le dimanche pour jouir des spectacles et il ne faut pas que les heures auxquelles ils commencent et finissent ce jour là, puissent contrarier les occupations auxquelles elle doit se livrer le lundi.*»
(Il n'y avait donc pas de marchands de vins en 1811)?

L'orchestre de la Gaîté comprenait, sous la direction Bourguignon, vingt musiciens sous la conduite de M. Daussy.

Déjà cependant la Gaîté s'était lancée dans le ballet. Elle avait même deux corps de ballet, si l'on veut compter à part les théories d'enfants. Les coryphées s'appelaient : M. et Mme *Soissons*, *Renauzy*, qui montre encore à danser au coin du faubourg Saint-Martin, *Sophie Degville* et *Théodorine Peyrusse*.

Si je voulais, je vous donnerais jusqu'à la liste des figurants, que dis-je ? jusqu'au nom des ouvreuses ! car l'Annuaire dramatique de l'époque consignait avec soin leurs noms, prénoms et adresses !

Si ridicule que puisse paraître cette publication, elle avait cependant un immense avantage : chacun des employés de théâtre, depuis l'acteur jusqu'au lampiste, se savait titulaire de son emploi, et apportait dans l'exécution de sa fonction, ou modeste ou brillante, un amour-propre de métier qui n'existe plus.

Pourquoi ne ressusciterait-on pas cet *Annuaire théâtral*, puisqu'on a l'annuaire des auteurs dramatiques et l'annuaire des artistes dramatiques? Un de nos confrères, M. Henri Tessier, a bien essayé au mois de Décembre dernier de lancer l'*Almanach théâtral*.

*
* *

Le 19 décembre 1816, la Gaîté enterrait son directeur, M. Bourguignon; sa veuve continua à diriger, d'abord avec M. Dubois, puis avec M. Dupetit-Méré; quand elle mourut, le 11 mai 1825, M. Guilbert de Pixérécourt obtint le privilége et s'associa pour la direction MM. Dubois et Marty. Mais le Ministère imposa Martainville, comme directeur associé, dans le seul but qu'il lui fût fait une pension. C'était un moyen adroit de ne pas dénouer les cordons de la bourse des royalistes.

La révolution de 1830 changea le goût du public pour le théâtre. Le vieux mélodrame avec ses phrases redondantes n'électrisait plus personne; il dut céder la place au drame romantique. Les tyrans, les chevaliers, les enfants au berceau courageux, innocents et persécutés, les brigands, les vertueux vieillards, s'inclinèrent devant les adultères, les homicides, les parricides, les fratricides, les infanticides, les jeunes filles pures et calomniées. Les amateurs de fortes émotions eurent de nouveaux sujets de trembler, de frémir, de verser des torrents de larmes. Le théâtre de la Gaîté après avoir fait d'excellentes recettes avec le *Chien de Montargis*, se rappelant l'heureux succès du *Pied de mouton*, voulut avoir son pendant et monta le *Petit homme rouge*. C'est dans cette féerie, qu'on présenta au public une vingtaine de brebis bêlant d'accord et venant dans un aimable abandon manger dans la main de Madame Lemesnil, leur gracieuse gardienne. La féerie, la bergère et les brebis firent merveille.

En 1808, on représente la *Mort d'Adam et son apothéose* ; le décor de l'apothéose avec ses transformations obtient les suffrages de tous les spectateurs. Cette décoration avait été peinte par Degoti.

Le théâtre ne commença à reprendre d'importance au point de vue du décor et de la mise en scène, que lors du grand mouvement littéraire qui eut tant d'éclat vers 1830. Jusqu'à cette époque, il était resté à peu près stationnaire, et on ne pourrait citer que quelques mélodrames à effet, représentés sur les théâtres des boulevards. On avait cherché toutefois des effets nouveaux de mise en scène. De jeunes peintres avaient commencé à se faire un nom dans la décoration théâtrale, notamment Gué, Daguerre et Bouton. Ces deux derniers fondèrent le *Diorama*, près du Wauxhall, et obtinrent un grand succès avec des tableaux dont l'effet changeait devant les spectateurs. Daguerre fit à l'Ambigu une décoration de clair de lune où les nuages se mouvaient obscurcissant l'astre ou le découvrant, pendant que les acteurs, les arbres et les maisons portaient leur ombre les uns sur les autres et sur le sol. Ce décor eut un si grand succès et fit si bien oublier la pièce que nul ne se souvient aujourd'hui de son titre.

Ce fut, comme on le sait, Daguerre qui, avec Niepce, après bien des années de recherches, concourut à la découverte de la photographie.

À l'Opéra, Cicéri fit les décors de *Guillaume Tell* et de *Robert-le-Diable*. Gué avait fait de jolies décorations à l'Opéra-Comique ; il monta à la Gaîté deux féeries, l'une fort gracieuse, l'autre très-amusante : *Ondine* et le *Pied de Mouton*.

Sous l'influence du romantisme, l'étude de la couleur locale devenait une nécessité. On ne pouvait plus se contenter des *à peu près* vieillis qui avaient servi jusqu'alors.

Au Théâtre-Français, les décors inamovibles au temps de Corneille firent place à des œuvres d'archéologie scrupuleusement étudiées et magistralement peintes. Victor Hugo et Alexandre Dumas donnèrent la plus grande attention aux mises en scène qui encadraient leurs drames. Parmi les exemples les moins anciens, nous rappellerons celui de la *Reine Margot*, pièce par laquelle Alexandre Dumas avait ouvert le Théâtre-Historique, dont il avait la direction. Jamais étude n'avait été poussée si loin ; le spectateur était transporté en plein seizième siècle, aussi fit-il à cette œuvre un accueil enthousiaste. Il en fut de même pour le *Chevalier de Maison-Rouge*; mais Dumas ne resta pas longtemps à la tête du Théâtre-Historique et, après lui, la mise en scène fut plus négligée.

Aujourd'hui, on semble être arrivé à l'apogée du luxe scénique. Chaque théâtre rivalise de mise en scène et de décors avec ses voisins. On voit des féeries atteindre 300 représentations consécutives, et cependant elles ne rapportent pas beaucoup, les frais absorbent les bénéfices : on dépense 500,000 francs pour une œuvre qui, souvent, n'a d'autre mérite que les décors.

Une pièce à spectacle est une spéculation où un directeur de théâtre fait fortune ou se ruine.

Quelques critiques ont attaqué cet excès de richesse pour la mise en scène. Il semble cependant que si la pièce a une valeur réelle, ses décors, ses machines et ses costumes ne sauraient lui nuire. Il s'agit donc avant tout d'avoir de bonnes pièces. L'Opéra, pour avoir monté avec une grande science et un grand soin la *Juive*, le *Prophète*, l'*Africaine*, n'a pas amoindri ces chefs-d'œuvre.

Maintenant, quelques chiffres..... éloquents.

Voici, de 1831 à 1835, les dépenses de décors faites pour les ouvrages montés à l'Académie royale de musique :

Le Philtre, 3.667 fr. — *Robert-le-Diable*, 43,543 fr. — *La Sylphide*, 10,288 fr. — *La Tentation*, 45,948 fr. — *Le Serment*, 4,760 fr. — *Nathalie*, 20,076 fr. — *Gustave ou le bal masqué* 28,791 fr. — *Ali-Baba*, 14, 047 fr. — *La Révolte au Sérail*, 23,370 fr. — *Don Juan*, 27,300 fr. — *La Vestale*, 1,650 fr. — *La Tempête*, 24,170 fr. — *La Juive*, 44,999 fr.

M. Hostein, lorsqu'il prit la direction du Cirque, voulut monter une féerie ; le théâtre n'avait aucun matériel : il fallut tout faire à neuf.

La pièce, *Cendrillon*, coûta 247,000 francs.

Dans une administration théâtrale, le luxe et la prodigalité sont tels qu'il semble que l'on jette l'argent par les fenêtres, et, cependant, on y procède souvent avec la plus stricte économie; sans cela, la dépense dépasserait bien vite le chiffre de la recette. Un détail insignifiant, répété tous les jours, produit une grosse dépense.

Dans l'*Africaine*, par exemple, la coloration des nègres, chœurs et figurants, coûte 128 fr. 75, ce qui fait 12,875 francs pour cent représentations.

Le total des frais, par représentation, s'élevait, à l'Opéra de la rue Le Peletier, à la somme de 8,000 francs; il s'élève, à l'Opéra-Comique, à plus de 3,000 francs.

On était au commencement de l'année 1835, le théâtre de la Gaîté jouait *Latude*, dont le succès ne se ralentissait pas, bien que la pièce fût à sa 85ᵉ représentation; les directeurs, de Pixérécourt, Dubois et Marty, venaient de traiter de leur entreprise avec Bernard-Léon, qui l'avait achetée 500,000 francs, lorsqu'un incendie consuma cette salle déjà deux fois reconstruite.

Une féerie: *Bijou ou l'enfant de Paris*, montée à grands frais, devait être jouée le 23 février. Le samedi 21, à l'avant-dernière répétition générale après le spectacle, on venait d'essayer l'effet d'une scène qui, devait être accompagnée par le tonnerre, les éclairs.... l'employé qui tenait la flamme destinée à figurer l'éclair l'approcha imprudemment d'une toile de frise, un morceau d'étoupe se détacha du flambeau, mit le feu à cette frise, qui, aussitôt, le communiqua à toutes les autres.

En moins d'un quart d'heure, le théâtre était en feu. Des dépenses considérables dévorées par les flammes, de nombreuses familles sans ressources, furent le résultat de cet affreux désastre.

C'était vraiment pitié de voir Bernard-Léon, cet honnête homme, ce bon comédien qui avait fait tant rire au Gymnase et au Vaudeville, pleurer sur les ruines de la Gaîté.

Des représentations au bénéfice de Bernard-Léon furent organisées, et il se mit à l'œuvre pour faire reconstruire son théâtre, qui rouvrit le 19 novembre de la même année par trois pièces nouvelles : *Vive la Gaîté*, prologue ; *La tache de sang*, drame ; et *Le tissu d'horreurs*, folie. MM. Lhérie, Lebel et Mlle Nongaret, remarquable autant par sa beauté que par son talent, débutèrent dans ces trois ouvrages. Mais le fait le plus remarquable de la soirée fut l'entrée en scène de Bernard-Léon dans *Le tissu d'horreurs ;* dès qu'il parut, la salle faillit crouler sous les applaudissements.

L'émotion de l'excellent comédien était telle qu'il ne pouvait contenir des larmes d'attendrissement.

Le théâtre mit sur sa façade cette inscription :

THÉATRE DE LA GAITÉ

Fondé en 1760 par J. B. Nicolet, reconstruit en 1808.	Incendié le 21 février 1835 Réédifié en fer et rouvert la même année le 19 novembre. Bourlat, architecte.

Bernard-Léon, après avoir fait réédifier son théâtre comme par enchantement, mais ayant de trop lourdes charges, ne tarda pas à succomber, et, en 1837 M. le baron de Cès-Caupenne obtint l'autorisation de réunir sous un même sceptre les théâtres de l'Ambigu et de la Gaîté ; cette tentative ne fut pas heureuse, et M. de Cès-Caupenne se vit forcé de remettre son privilége entre les mains de MM. Montigny et Meyer dont l'administration enregistra de nombreux succès : *La Belle écaillère*, si bien jouée par la charmante Mlle Nongaret ; *Le Sonneur de Saint-Paul; La Grâce de Dieu; Le Sylphe d'or, Sept châteaux du Diable*, etc. En 1844, M. Montigny alla prendre la direction du Gymnase et laissa M. Meyer seul directeur de la Gaîté jusqu'en 1852 époque à laquelle M. Hostein prit les rênes de la direction, et sut les tenir d'une main habile.

Ce Meyer avait pour chef de claque un

nommé Menissier, ex-cartonnier, qui se disait homme de lettres et payait fort bien à déjeuner quand on consentait à entendre la lecture d'un de ses nombreux et ineptes manuscrits.

M. Hostein finit par céder la Gaîté à M. Harmant, et alla succéder au Cirque à M. Billion, qui n'avait pu faire renouveler son privilége par le Ministère.

Le théâtre de la Gaîté ne resta pas en arrière de ses voisins pour le succès, malgré ses récents changements de direction : les *Cosaques* (100 représentations), la *Bergère d'Ivry ou l'avalanche*, *Marengo* (100 représentations), *Cartouche*, le *Courrier de Lyon*, la *Petite Pologne*, les *Pirates de la Savane*, le *Médecin des enfants*, les *Crochets du père Martin*, *Paillasse*, le *Sergent Frédéric*, *Vautrin*, le *Canal Saint-Martin*, le *Crétin de la montagne*, le *Savetier de la rue Quincampoix*, l'*Escamoteur*, les *Oiseaux de proie*, *André Gérard*, *Christophe Colomb*, la *Fille du Paysan*, *Peau-d'Ane*, etc.

Comme on le voit la Gaîté, malgré son cadre plus étroit, luttait encore de mise en scène avec son voisin le Cirque lorsqu'il s'agissait de représenter de grandes machines patriotiques, comme les *Cosaques* et *Marengo*.

D'Ennery, Anicet Bourgeois étaient venus, et avec eux l'art de faire vibrer sans les rompre toutes les fibres d'un peuple ami des émotions poignantes. Le drame de la *Gaîté*, réservé sur une scène moyenne, ne pouvait chercher son attrait que dans les situations. Aussi évitait-il le péril des mises en scène trop onéreuses et contentait son public par des conceptions à manière noire, comme le *Pont-Rouge* et les *Pirates de la Savane*, ou des études à l'eau forte comme les *Ménages de Paris*, l'*Escamoteur*, le *Crétin de la Montagne*, les *Crochets du père Martin*, merveilleusement esquissées par l'acteur Paulin-Ménier, dont le nom émerge sur le répertoire de cette époque.

Enfin, un grand administrateur, M. le baron Haussmann, avait résolu de donner à l'est de Paris des débouchés sur le centre ; le boulevard du Prince-Eugène était décidé, la salle de Bourlat devait fatalement disparaître.

Une autre considération administrative du grand préfet était la nécessité à lui démontrée de répandre le mouvement nocturne dans tous les quartiers de la capitale en forçant les théâtres à se disséminer.

Au point de vue police, son raisonnement était sans reproches ; au point de vue de la propriété des théâtres, il y a peut-être des réserves à faire.

Une nouvelle salle fut bâtie par la Ville

pour la direction de la *Gaîté* au square des Arts-et-Métiers.

Les avis étaient unanimes que, dans un pareil centre commercial, la *Gaîté* était certaine d'un public nombreux et facile à attirer.

Il paraît qu'on se trompait.

Le peuple seul aime le drame ; le bourgeois, le commerçant affectent de comprendre l'opéra et la haute comédie. S'ils ont un louis à dépenser en spectacle, ils sortent de leur quartier et gagnent des milieux plus relevés que ceux où ils vivent d'ordinaire.

Peut-être aussi la nouvelle salle était-elle peu attrayante ou commode, malgré ses beautés architecturales. Le lustre avait été sottement remplacé par un plafond dit *lumineux*, qui, à la vérité, était à peine *transparent* ; la scène, trop basse d'un ou deux mètres, dut être relevée dès le premier été suivant.

Quoi qu'il en soit, le nouveau théâtre était enguignonné.

Au *Château de Pontalec*, le drame d'ouverture, un *four* s'il en fut, succèdent d'autres insuccès.

A M. Harmant succède M. Dumaine, à M. Dumaine, M. Koning, tous gens capables de mener à bien une pareille entreprise, et cependant la caisse restait vide.

Vint Boulet, qui profita des préparatifs

faits par son devancier et qui abandonna le mélodrame pour revenir au genre qui avait réussi à Ribié, c'est-à-dire à la grande féerie.

Le public mordit à l'hameçon, et l'on sait quelles recettes firent encaisser la *Chatte blanche* et le *Roi Carotte*.

La mort jeta son dévolu sur ce pauvre Boulet, presque un jeune homme ; on ne peut donc pas dire que la *Gaîté* était désenguignonnée.

Mais à l'horizon paraissait un nouvel impresario, le directeur-compositeur, le grand, le seul, l'unique Offenbach.

Nous le peindrons plus loin de pied en cap et à la détrempe avec tout son personnel.

PETIT TABLEAU COMPARATIF

DU PRIX DES PLACES

DU THÉATRE DE LA GAITÉ

(Boulevard du Temple. — 1,818 places.)

DIRECTION HOSTEIN

1852

Avant-scènes des 1res loges et de rez-de-chaussée (la place).............. Fr.	7 »
1res loges de face....................	7 »
Baignoires........................	6 »
Stalles de la 1re galerie.............	4 »
Stalles de balcon...................	4 »
Stalles d'orchestre..................	4 »
Avant-scènes des 2es	3 »
Stalles de la 2e galerie de face.........	3 »
Orchestre *adossé*...................	3 »
Pourtour..........................	3 »
2e galerie de face...................	2 50

DEUXIÈME BUREAU

	Au bureau.
2e galerie de côté...................	1 25
Parterre..........................	1 »
3e galerie........................	» 75
4e amphithéâtre	» 50

PETIT TABLEAU COMPARATIF

DU PRIX DES PLACES

DU THÉATRE DE LA GAITÉ

(Square des Arts-et-Métiers. — 1,800 places.)

DIRECTION J. OFFENBACH

1874

	Fr.	
Avant-scènes du rez-de-chaussée (5 places)	60	»
Avant-scènes de 1re galerie	60	»
Avant-scènes de baignoires	50	»
Baignoires (4 places)	40	»
Loges de premières (6 places)	60	»
Fauteuils d'orchestre	6	»
Fauteuils de galerie	6	»
Avant-scènes de 2e galerie (la place)	4	»
Fauteuils de 2e galerie (face)	3	»
Stalles d'orchestre	4	»
Stalles de 3e galerie	3	»
Parterre	2	»
Amphithéâtre, 3e galerie	1	50
Stalles des 4es	»	75
Amphithéâtre des 4es	»	75

LES DROITS D'AUTEURS

ANCIENS ET MODERNES

Rien n'est plus curieux que de constater la progression toujours croissante des droits d'auteurs.

Il y a des anecdotes curieuses sur certains prix payés pour certaines pièces (1).

On sait avec quelle vigueur Beaumarchais s'insurgea contre cet abus qui ne fut définitivement déraciné que sous la Révolution.

Il était toujours possible, à l'aide de certaines manœuvres, de faire tomber une pièce dans les règles. Une pièce tombée dans les règles ne rapportait plus de droits à son auteur.

Voici, à ce sujet, les réglements de la Comédie-Française avant la Révolution.

Les comédiens avaient intérêt à le faire, puisque, après cela, la pièce leur appartenait à jamais, quelle que fût l'abondance des recettes qu'elle produisît à la reprise.

---

(1) Beaumarchais. Compte-rendu aux auteurs dramatiques.

Aujourd'hui, ce privilége des comédiens a complétement disparu, et l'auteur a droit, tant qu'on joue son œuvre, au Théâtre-Français par exemple, au quinzième de la recette, si sa pièce occupe toute la durée du spectacle. Dans le cas où il y a plusieurs pièces, les droits sont répartis en proportion du nombre d'actes joués.

De plus, un droit en billets représentant la somme de 20, 30 ou même 40 francs, est ajouté aux droits de l'auteur ou des auteurs représentés. Ceux-ci ont le droit de revendre ces billets que des agences spéciales leur rachètent moitié prix.

Les droits sont répartis et payés de la même façon aux auteurs dans les autres théâtres de premier ordre et de second ordre. — Le taux seul varie de 12 à 10 0/0, suivant les traités passés avec ces théâtres. — Les billets d'auteurs suivent le même cours. Quant aux petits théâtres, non classés et à quelques cafés-concerts-spectacles, ils payent les droits d'auteur tous les mois, par abonnement. Le chiffre de cet abonnement est fixé par la Commission, et il est plus ou moins élevé, suivant que ces théâtres ou ces concerts jouent plus ou moins d'actes dans leurs spectacles.

Ces entreprises éphémères sont généralement affranchies des billets d'auteurs.

Avant la création de la Société des Auteurs dramatiques, Saint-Romain, le directeur de la Porte Saint-Martin, achetait un vaudeville 200 francs ; on donnait neuf francs par représentation pour une pièce de trois à cinq actes. Son successeur, Lefeuve, se montra plus généreux : il payait un vaudeville 8 francs chaque fois qu'on le jouait et un mélodrame 48 francs. En 1835, les droits d'auteur, à l'Ambigu, étaient réglés à 36 francs pour un drame en trois actes, pendant les vingt-cinq premières représentations, et à 24 francs pendant les autres ; à 36 et à 48 francs pour les drames en quatre et cinq actes.

(*Patrie*, joué à cette époque-là, n'eût pas rapporté 6 et 700 francs par jour à M. Sardou, pendant cent représentations consécutives.)

Les droits d'auteurs furent déclarés insaisissables en 1749, à propos de Crébillon, qui ne pouvait toucher ce qui lui revenait des représentations de son *Catilina*, parce que ses créanciers avaient assigné les comédiens pour en être mis en possession. — Aujourd'hui, par suite de nombreux procès, les droits d'auteurs ont été déclarés saisissables, mais dans la proportion de 1/5 seulement.

Le Sourd ou l'Auberge pleine, de Desforges, qui fit la fortune du Palais-Royal, et qu'on reprendra éternellement, fut payée 600 francs à l'auteur, comme il semble résulter d'une lettre signée de Desforges lui-même.

Monsieur Cantin, écoutez cela :

Madame Angot, qui rapporta 500.000 fr. à la Gaîté, avait été également vendue 600 francs par l'auteur. On achetait alors, (dans les premières années de ce siècle), dit Brazier, en parlant des théâtres des boulevards, une comédie en un acte, 200 francs une fois payés : on donnait 900 francs pour une pièce en trois actes.

Rotrou venait de terminer *Venceslas*, lorsqu'il fut arrêté et conduit en prison pour dettes.

Voulant se tirer d'affaire, il envoya offrir sa tragédie aux comédiens pour vingt pistoles.

Le marché fut conclu ; mais on ajoute qu'après le grand succès de la pièce, ceux-ci crurent devoir joindre un présent convenable au prix convenu. (1)

Beaumarchais n'avait rien touché pour ses *Deux Amis*, ni pour *Eugénie*, et c'est pour cela que les comédiens furent si consternés de lui voir réclamer avec insistance le compte des représentations du *Barbier de Séville*.

— L'un d'eux me demanda, dit Beaumarchais, si mon intention était de don-

---

(1) Anecdotes dramatiques.

ner ma pièce à la Comédie, ou d'en exiger les droits d'auteur.. Je répondis en riant, comme Sgnarelle : — Je la donnerai si je veux la donner, et je ne la donnerai pas si je ne veux pas la donner. — Un des premiers acteurs insiste et me dit : — Si vous ne la donnez pas, Monsieur, au moins dites-nous combien de fois vous désirez qu'on la joue à votre profit, après quoi elle nous appartiendra? — Quelle nécessité, messieurs, qu'elle vous appartienne? — Beaucoup de messieurs les auteurs font cet arrangement avec nous. Ils s'en trouvent très bien ; car, s'ils ne partagent plus dans le produit de leur ouvrage, au moins ont-ils le plaisir de le voir représenter plus souvent : la Comédie répond toujours aux procédés qu'on a pour elle.

Voilà les habitudes d'alors. — Il faut avouer que, si elles ont beaucoup changé par la forme, elles sont restées les mêmes par le fond.—Demandez plutôt à plusieurs directeurs qui, maintenant encore, n'agissent pas autrement avec les petits auteurs.

Quant au prestige des noms connus, écoutez et reconnaissez qu'il eût de tout temps une énorme influence sur MM. les Directeurs.

En 1653, Tristan l'Hermite, pour rendre service à son élève Quinault, s'était chargé de lire aux Comédiens ses *Rivales*. Ceux-ci, croyant la pièce de Tristan, en offrirent cent écus, mais ils se rétractèrent en apprenant qu'elle était d'un jeune poète *inconnu*, prétendant qu'ils ne pouvaient plus dès lors hasarder que cinquante écus sur sa réussite. Tristan insista, leur proposant d'accorder à l'auteur le neuvième de la recette de chaque représentation, tous frais déduits, tant qu'on jouerait la pièce dans sa nouveauté ; après quoi, elle appartiendrait aux comédiens. Cet arrangement fut accepté et donna naissance à la part du droit d'auteur.

On voit dans le registre de la troupe de Molière, tenu par la Grange, que Racine céda le manuscrit d'*Andromaque*, pour deux cents livres (1), et que plusieurs pièces de Molière et des deux Corneille furent achetées à un prix fait d'avance, après la date de 1653. Mais la convention acceptée par Quinault et la plupart des autres auteurs fut sanctionnée, en 1697, par un arrêté royal qui donnait aux auteurs le neuvième de la recette pour les pièces en cinq actes, le douzième pour les pièces en trois actes, déduction faite des frais journaliers du théâtre, comptés à 500 livres l'hiver et à 300 l'été.

Rien de si connu et de plus souvent cité que le mot de Mlle Beaupré, rapporté pour

---

(1) Curiosités théâtrales. Ed. Fournier.

la première fois par le *Segraisiana* :

« M. Corneille nous a fait un grand tort ; nous avions ci-devant des pièces de théâtre pour trois écus, que l'on nous faisait en une nuit ; on y était accoutumé, et nous gagnions beaucoup. Présentement, les pièces de M. Corneille nous coûtent bien de l'argent, et nous gagnons peu de chose. »

Corneille est excellent, mais il vend ses ouvrages.

LES DIX NOUVEAUX TABLEAUX D'ORPHÉE

OU LES *huit mille* A PERPÉTUITÉ

Ceci est de Lafargue, du *Figaro* :

« Offenbach était à table en famille, l'air triste, ne mangeant pas et en proie à une grande préoccupation.

— Tu souffres, papa? lui demanda une de ses charmantes filles.

— Non, répondit-il un peu sèchement.

La vérité, c'est que, la veille, *Orphée* n'avait fait que 5,200 francs, et Jacques n'admet qu'un chiffre : 8,000 francs.

Le dîner touchait à sa fin — et il n'avait pas été gai, lorsque la physionomie du maëstro devint souriante; qu'on apporte le potage, dit-il, j'ai faim, je veux manger... et tout bas : j'aurai mes *huit mille*.

En moins d'une heure, Offenbach avait combiné le troisième acte d'*Orphée*.

— Quant à la musique, c'était la moindre des choses, il l'écrivit en trois jours après avoir vu les décors sortis de son imagination et admirablement brossés par M. Fromont.

Il convoqua dessinateurs, peintres, machinistes, costumiers, maître de ballet, et après avoir donné à chacun ses instructions, il partit mystérieusement pour l'Italie choisir des danseuses et une étoile.

Le *Royaume de Neptune* est un tableau musical en dix transformations avec ballets.

Raconter ce que les yeux voient est impossible ; on serait au-dessous de la vérité : c'est un éblouissement.

Décors et costumes ne sont pas seulement merveilleux, mais aussi artistiques.

Un mot sur la nouvelle petite partition qui est pleine de grâce et de fraîcheur.

L'orage est une vraie symphonie avec tous ses développements ; c'est le morceau qui m'a le plus frappé.

Pendant qu'on est au fond de la mer, j'ai remarqué un motif joué par le cor et repris ensuite par tous les violons, qui est d'un très bel effet.

Les airs de danses sont endiablés et de cette bonne marque J. O. que tout le monde veut contrefaire sans y réussir. L'inventeur a pris un brevet pour la France et l'étranger.

Charmantes les danseuses, italiennes ou françaises, ça m'est égal.

Mlle Christina Roselli est une jeune enfant de 16 ans, gentille, dansant effarouchée comme une rosière qui se trouverait par surprise sur un théâtre.

Quant à Mlle Fontabello qui a eu le succès d la soirée, quelle fougue, quels yeux ! C'est bien l'italienne avec tous ses emportements et du feu dans les veines.

Jolis ballets réglés par M. Fusch ; orchestre toujours bien discipliné par la main de fer de M. Albert Vizentini, costumes de Grévin, machines de Godin. — Je crois avoir nommé tout le monde.

Es-tu content, mon... maëstro ? tu les tiens encore, tes HUIT MILLE, et pour longtemps. »

On lisait dans le même *Figaro* :

Tandis qu'on croyait Offenbach tranquillement installé à Aix, le maëstro était à Milan, assistait aux examens de la classe de danse de la Scala et engageait toute une nuée de jolies ballerines qui connaissent à fond leur art en vraies italiennes qu'elles sont.

Donc, à la date du 12 août prochain, jour fixé pour la première représentation du nouvel acte d'*Orphée*, Offenbach présentera au public parisien une troupe chorégraphique.

C'est, d'abord, la Christina-Roselli — de Naples — une étoile de dix-sept ans, qui, dit-on, rappelle la regrettée Bozzacchi. Plus, quatre premières danseuses : Mlles Vittorina Fontabello ; la Rosina Brambilla, une brune des plus piquantes, Mmes Léontine Vernet et Pelletier, qui doivent soutenir le pavillon français dans cette lutte de sylphides.

Deux secondes premières danseuses : Mmes Enrichesta Mauri et Marie Gardès ; quatre secondes danseuses : Mmes A. M. Masconi, Solari, Servadoni et Herbuneau. Enfin, 18 coryphées venant de Naples Milan, Florence, Paris ; vingt-quatre dames du corps de ballet, quatorze enfants et trente-deux marcheuses.

Une classe de danse régulière vient d'être instituée au théâtre de la Gaîté afin d'entretenir journellement la légèreté de ce petit monde-là.

Nous avons dit que la première apparition de toutes ces danseuses aurait lieu dans le nouvel acte d'*Orphée*.

Cet acte, la huitième merveille du monde si on en croit les indiscrétions, est par lui-même un grand ballet en plusieurs tableaux, prenant la place du ballet des mouches, entre l'Olympe et l'Enfer.

Il a été conçu par le peintre Fromont et l'habile machiniste Godin, auxquels on doit déjà le *pays des oiseaux* de la *Chatte Blanche*. Il se compose de 10 tableaux dont voici le détail :

1ᵉʳ tableau — *le Lac.*
2ᵒ   »   — *l'Inondation.*
3ᵒ   »   — *l'Orage.*
4ᵉ   »   — *la Grotte enchantée.*
5ᵉ   »   — *le Fond de la Mer.*
6ᵉ   »   — *Revue des poissons.*
7ᵉ   »   — *Réveil d'Amphitrite.*
8ᵉ   »   — *l'Atlantide* (ville sous-marine), cortége des Atlantes, pieuvres et tritons.
Grand ballet.
Les Argonautes — ensemble.
Algues et Fleurs — pas de quatre.
Les Chevaux marins — polka d'ensemble.
La Perle — soli.
Les Océanides — Adage, — Final.
9ᵉ   »   — *les Roseaux diamantés.*
10ᵉ   »   — *le Triomphe de Neptune.*
Apothéose.

Grévin a dessiné 150 costumes, et Offenbach vient de prendre sa meilleure plume pour écrire de nouveaux airs de ballet, qui ne seront pas l'un des moindres attraits de cet acte-événement.

Nous voyons toutes les transformations d'*Orphée*; Sarcey, dans son feuilleton, nous fait assister à ses commencements :

« Tandis qu'on nous déployait toutes ces magnificences, je songeais à la singulière fortune d'*Orphée aux Enfers*. Quel prodigieux succès à la nouveauté ! quel succès encore à cette dernière reprise ! et dans l'intervalle combien de représentations, toutes heureuses, tant à Paris qu'en province et à l'étranger ! Le nombre en est incalculable.

Une anecdote, qu'on m'assure être authentique, en donnera une idée. Halévy était en train de travailler à cette pièce avec son ami Hector Crémieux, et ils en avaient bâti le scenario, quand il advint dans les conseils du gouvernement qu'on décida la création du ministère de l'Algérie. Halévy fut nommé secrétaire général ; c'était une fort belle place et qu'il accepta volontiers. Il avertit son collaborateur que les exigences de sa position nouvelle lui interdisaient de se mêler désormais aux choses de théâtre, qu'il se retirait donc de l'opérette commencée et lui abandonnait tous ses droits. Crémieux ne l'entendit point ainsi ; il déclara qu'il finirait seul *Orphée* et le mettrait en scène, mais qu'il réservait à son ex-collaborateur une part des droits d'auteur :

— Un huitième, si vous voulez, au lieu d'un quart.

— Arrangez la chose comme il vous

plaira, répondit Halévy. Cela n'a aucune importance.

— Cela n'en a aucune, en effet.

Six mois après, le ministère de l'Algérie était supprimé, Halévy reprenait sa plume d'écrivain : ce passage à travers les grandeurs du fonctionnariat, me disait un de ses amis, lui a déjà coûté près de vingt-cinq mille francs et finira par lui en coûter quarante mille.

Ni l'un ni l'autre ne s'étaient doutés, en écrivant *Orphée*, qu'il ferait dans ce genre, encore nouveau en ce temps-là, de l'opérette bouffe, une révolution, et que leur œuvre, après avoir servi de modèle à bien d'autres plus ingénieuses, plus artistement ouvrées, resterait encore la première et la plus aimée du public. Non, ils étaient tout pleins de leurs souvenirs classiques; ils avaient trouvé dans le bric-à-brac de la mythologie grecque un prétexte à des plaisanteries, déjà bien souvent faites, mais qui par cela même n'avaient que plus de chance de réussir, et ils étaient partis du pied gauche, sans savoir assurément où le hasard les allait conduire. »

LES TRUCS

Les féeries représentées dans ces dernières années en ont montré quelques-uns fort remarquables, mais le type de la féerie à surprises est resté et restera longtemps encore les *Pilules du Diable*, où les trucs, tout en ayant vieilli, sont si parfaitement exécutés que les plus clairvoyants ne peuvent s'empêcher de les admirer. Les Anglais, dans leurs pantomimes, en ont trouvé de merveilleux, qui, en grande partie, ont émigré sur nos théâtres. Quelques-unes de ces pantomimes ont fort égayé le public des *Folies-Bergères*, depuis deux ans, et nous conseillons à M. Sari de ne pas les rayer de son programme, à la fois si complet et si varié. — Aussitôt qu'il est question de monter une féerie nouvelle, entreprise dans laquelle un directeur ne se précipite pas à la légère, il se produit une grande agitation au théâtre. Le chef machiniste, les décorateurs, le fabricant d'accessoires et de cartonnages se creusent la cervelle pour trouver des trucs à sensation. Un truc sauve toujours une pièce de ce genre, quand les calembourgs n'y suffisent pas.

Voici, d'après M. Jules Moynet, auteur de l'*Envers du théâtre*, la description de quelques trucs qui ont obtenu un légitime succès.

Dans les *Amours du Diable*, l'héroïne de la pièce paraissait dans un palanquin d'un aspect très-léger, construit de façon à ôter toute idée de double fond, et porté sur les épaules de quatre esclaves; tout-à-coup, l'actrice fermait deux rideaux de soie, les rideaux se rouvraient presque aussitôt; l'actrice avait disparu : où avait-elle passé? Or, ceci se faisait en pleine lumière, sur l'avant-scène parfaitement éclairée. Cette disparition fut longtemps inexpliquée et excita pendant un grand nombre de représentations une légitime curiosité. L'explication en était cependant fort simple; les supports du palenquin étaient d'apparence fort grêle, le couronnement ne présentant lui-même aucune épaisseur pouvant renfermer une personne, les quatre colonnettes, tubes de métal, renfermaient des contre-poids dont les fils passaient par de petites poulies placées au sommet, et venaient prendre un cadre formant le dessus du coussin de soie sur lequel était couchée l'actrice. Au moment où les rideaux se fermaient, un des porteurs, machiniste costumé, lâchait le fil de retraite; le cadre, entraîné par les contre-poids, montait dans la partie supérieure, dont le dôme très-aplati et fait de cartonnage très-léger épousait la forme de la personne qui venait s'y loger. Le milieu de ce dôme en toile métallique laissait passer l'air pour que l'actrice pût respirer. Le mouvement s'opérait très-rapidement, et, au moment où il était accompli, un fil tiré par un des porteurs ouvrait les rideaux. Tous les moyens que fournit la peinture avaient été employés pour que les colonnettes et le dôme présentassent à la vue moins d'épaisseur qu'ils n'en avaient réellement. Les porteurs, choisis parmi des hommes robustes, s'en allaient allègrement, aussitôt la disparition. L'illusion était complète. Le truc avait été trouvé et construit par M. A. Pierrard, machiniste du Théâtre-Lyrique.

* *
*

Un autre truc, qui fit courir tout Paris. fut celui des spectres, qu'on introduisit dans une pièce au théâtre impérial du Châtelet, le *Secret de Miss Aurore*, après l'avoir employé d'abord sur le théâtre du physicien Robin, boulevard du Temple.

Ce truc était basé sur la réfraction qui se produit sur des glaces non étamées, quand les objets qui s'y réflètent sont placés dans certaines conditions de lumière ; ce qui ajoutait au fantastique de ces apparitions, c'était que des personnages réels mêlés aux spectres passaient au travers ou derrière ces derniers, sans cesser d'être visibles. Le plancher du théâtre était élevé de manière à ménager un aspect suffisant pour y mettre des personnages fortement éclairés, couverts de costumes dont on voulait revêtir les apparitions ; ces personnages se réfléchissaient dans une glace sans tain, légèrement inclinée pour ne rien refléter de ce qui est au-dessus sur le théâtre. Le fond sur lequel se détachaient les personnages réels était identiquement le même que celui du théâtre ; la réfraction ne laissait donc voir à ce moment précis que les personnages (1).

* *
*

Dans une féerie du Cirque, le *Diable d'argent*, on voyait une tour au milieu des eaux. L'héroïne y était enfermée comme toujours pour une cause injuste. Une fenêtre pratiquée au sommet était l'unique entrée de cette prison fantaisiste. L'amoureux de la princesse arrivait en bateau au pied de la tour, et manifestait son désespoir de ne pas trouver une entrée plus commode pour délivrer sa dame. Sur un geste de la fée pro-

(1) Voir le volume de la Bibliothèque des merveilles, intitulé l'*Optique*, par Marion, p. 312.

tectrice, le mât de la barque se développait par un mouvement giratoire et un superbe escalier tournant, partant du bateau et aboutissant au sommet de la tour, permettait à la prisonnière de descendre commodément dans la nacelle et de voguer vers des destinées meilleures. — Ce truc-là était encore d'une simplicité remarquable ; le mât de bateau avec ses fils, la voile carguée et posée presque perpendiculairement cachaient le noyau de l'escalier, qui masquait toutes les marches placées les unes sur les autres. A un moment donné, le mât disparaissait dans le dessous, la première marche sollicitée par un fil commençait un mouvement circulaire autour de l'axe, elle entraînait la seconde au moyen de fiches en fer, la seconde entraînait la troisième, ainsi de suite, jusqu'à ce que la révolution fût accomplie ; chaque extrémité de marche portant un fragment de balustrade, l'escalier développé se trouvait orné d'une superbe rampe dorée qui complétait l'effet.

**
*

A citer aussi un truc du *Roi Carotte*, au théâtre de la Gaîté.

Un magicien très-vieux, très-cassé, après avoir rendu des services importants à ses protégés, leur demande pour unique récompense qu'ils veuillent bien couper son propre corps en morceaux et jeter les fragments de sa personne dans un four chauffé à blanc, à fin qu'il ait l'avantage d'y renaître jeune et bien portant; sa volonté s'exécutait en scène sans que le personnage cessât de parler.

Ce truc se compliquait d'un énorme volume posé sur une table. Des figures peintes sur les feuillets de ce livre s'animaient et s'échappaient du volume à mesure qu'on en tournait les pages; après deux ou trois culbutes sur la scène, elles étaient réintégrées par un acteur dans les feuillets d'où elles étaient sorties.

Près de cette table était un fauteuil. La table, posée sur des pieds assez frêles, n'était couverte d'aucun tapis, et on ne pouvait supposer aucune communication avec le dessous du théâtre.

Le magicien, vêtu d'une grande robe en velours noir, se fait apporter l'énorme volume. Les assistants le posent sur la table, l'ouvrent, et ils en tournent les feuillets illustrés. Les gnomes s'échappent et cabriolent sur le théâtre. Pendant que l'attention des spectateurs est attirée sur cette action, l'acteur assis dans le fauteuil, sans mouvement apparent, quitte sa position pour se placer debout sur une trappe. Du dessous on substitue de fausses jambes à la place des siennes. Le devant du fauteuil a fait un mouvement en arrière complétement inaperçu du spectateur, lorsque l'acteur s'est placé sur la trappe; c'est alors que, sur sa demande, on lui enlève une jambe, puis l'autre, pour les jeter dans un four; les bras de l'acteur sont encore mobiles jusqu'au moment où l'on enlève de faux bras en cartonnage recouvrant les véritables; il ne reste plus dans le fauteuil que le corps de l'acteur et la tête qui parle toujours et tourne à droite et à gauche en donnant ses ordres. Cette tête est un masque avec longue barbe blanche, lunettes, calotte de velours, fraise de dentelle qui s'adapte parfaitement sur celle de l'acteur et ne laisse voir que les lèvres et les yeux.

Un des personnages en scène prend la tête du magicien et la pose sur la table, où elle se remet immédiatement à parler, à prescrire ce qu'il faut faire du reste de son individu.

Voici ce qui s'est passé pendant que le personnage s'est emparé de la tête factice en ayant l'air de faire un effort pour l'arracher de dessus les épaules, on a changé immédiatement la trappe sur laquelle était l'acteur, qui a remonté rapidement sur une autre, s'est glissé sous la table et a replacé sa tête dans le masque de magicien, puis s'est remis à parler et à tourner de droite et de gauche.

Comment se fait-il que l'acteur puisse, placé sur une trappe, introduire sa tête dans le masque sans être vu de dessous la table? Voici l'explication : la table qui, pour tous les spectateurs présente un dessus en bois posé sur des pieds est d'une construction tout autre que celle qu'elle paraît avoir. Qu'on se figure une glace inclinée qui réfléchit les pieds de table, couchés horizontalement. On a soin, dans la mise en scène, de ne pas faire passer d'acteurs derrière la table, par la raison bien simple que le spectateur n'en voyant pas les pieds devinerait la présence de la glace. Il est ainsi facile de comprendre que le vide du dessous de la table paraît naturel et que la présence de l'acteur demeure inexplicable. A la fin de la scène, on use encore d'un truc plus extraordinaire. Après avoir enveloppé le tronc dans la robe de velours et l'avoir mis dans le four, un des personnages en scène prend la tête et, traversant la scène, va la précipiter dans le brasier qui a déjà reçu toutes les parties de l'individu. Le sorcier, qui est redescendu dans le dessous, fait le même chemin, pour ainsi dire, sous les pieds de l'acteur en scène; il remonte sur une trappe qui l'amène vivement au niveau du plancher, derrière le décor. Il revêt immédiatement un habit pour compléter le costume qu'il avait sous sa robe de magicien ; le four éclate, et le vieux magicien rentre en scène jeune et brillant. L'adresse des machinistes du dessous qui concourent à ce que rien ne s'oublie et que tout marche rapidement, font de ce truc une chose très-amusante pour le spectateur ordinaire, et très-intéressante pour celui qui cherche à se rendre compte de ce qu'il voit.

**

Sous le nom de truc, on peut comprendre aussi tous ces grands effets de décors où toutes les ressources du théâtre sont mises en mouvement, tels que les apothéoses, les effets de mer, de naufrage, d'engloutissement, d'incendies, d'inondation, etc.

M. Chéret, qui est à la fois un peintre décorateur hors ligne et un machiniste distingué, a communiqué à M. Moynet les maquettes de deux de ces décorations ainsi que ses modèles de machines.

La première, faisant partie de l'apothéose finale d'une féerie, consiste en un plateau monté sur un grand bâti, équipé comme une trappe ordinaire, avec cette différence qu'il occupe trois plans et qu'on fait sauter sablières, trappes et trappellons pour lui donner une place dans le dessous, où il pénètre jusqu'au sol. Il faut une quantité considérable de contre-poids pour enlever

51, RUE D'ANJOU, 51

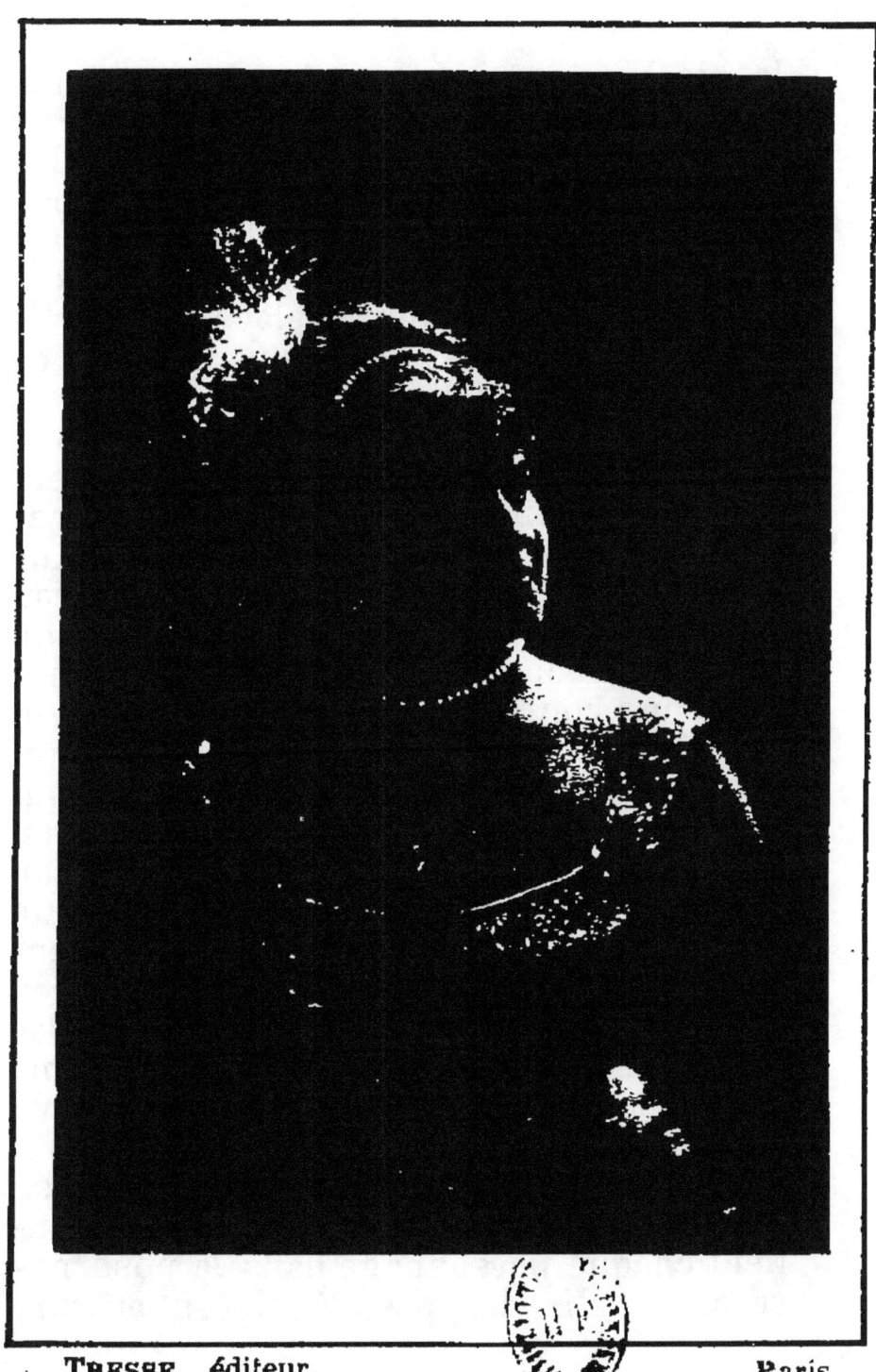

Tresse, éditeur. Paris

la machine, au poids de laquelle s'ajoute celui d'une vingtaine de personnes. Sur un plateau principal formant demi-cercle, sont disposés circulairement neuf appareils, qui sont appelés parallèles; les fils qui se rattachent aux parallèles sont fixés à un bâti demi-circulaire, placé à la partie centrale, pouvant porter sur le bord de son plateau cinq figurantes, ce qui, avec les neuf placées sur les parallèles, avec un tampon qui ne supporte qu'une personne couronnant l'édifice quand le développement est complet, donne un total de 15 figurantes. Lorsque le premier plateau monte, le spectateur ne voit d'abord qu'un groupe de femmes, rangées en demi-cercle, l'une contre l'autre; mais lorsqu'il est arrivé à son point, les machinistes, qui sont dans l'intérieur de la machine et qui ont monté avec elle, appuient, au moyen d'un tambour établi au centre, le plateau des cinq parallèles. Par le seul fait de cette ascension, les fils des parallèles se détendent et laissent descendre les parallèles dans le plan de la courbe que décrit le plateau. Pendant que ce mouvement s'accomplit, le petit tampon placé au centre s'élève et domine le tout avec la figurante qu'il porte. Sur chacun de ces plateaux est fixée une tige de fer avec une ceinture qui maintient chaque personnage dans la pose nécessaire. Six trappes, équipées autour, sur le plancher de la scène, font sortir du sol six autres figurantes qui prennent leurs places entre les supports des parallèles. Ajoutez à cet effet central des masses de figurants qui sont sur les côtés et par-devant, une décoration brillante et de la lumière électrique, sans compter les flammes de bengale, de tout temps complément obligé d'une apothéose.

Le tonnerre, la pluie, la grêle, le vent, les éclairs au théâtre.

Les phénomènes atmosphériques sont trop du domaine des théâtres de drame et de féerie pour qu'il n'en soit pas parlé dans la *Gaîté*. M. Moynet nous initie d'abord au tonnerre. S'il ne s'agit que d'obtenir des roulements lointains, une plaque de tôle agitée graduellement, d'un mouvement de plus en plus vif, fournira, surtout si la plaque est d'une certaine dimension, une illusion suffisante.

Jadis, une brouette à quatre roues polygonales, chargées de pierres était roulée à grand renfort de bras sur les corridors du cintre, et, comme cette manœuvre accompagnait invariablement l'arrivée du *Deus ex machinâ* chargé du dénouement, cela donnait à penser au public que le Dieu en question, descendait tout prosaïquement de voiture avant de paraître en scène. La science théâtrale a marché en avant, et le tonnerre l'a suivie. La brouette de nos pères est tombée dans l'oubli; voici une machine fort simple qui l'a remplacée avantageusement. Qu'on se figure une série de planchettes, dont chacune est enfilée à ses extrémités sur deux cordelettes, comme les jalousies des croisées; ces cordelettes se réunissent ensuite sur une poulie fixée à la charpente d'un corridor. Deux hommes enlevaient la machine à bout de bras et la laissaient retomber violemment. De là, grand fracas, et une suite de chocs sonores et irréguliers qui, combinés avec la manœuvre de la plaque dont nous avons parlé ci-dessus, imitent avec un certain succès le bruit du tonnerre grondant au lointain et tombant tout à coup dans un lieu voisin de la scène. Meyerbeer dirigeait à l'Opéra-Comique les répétitions du *Pardon de Ploërmel*. Il trouvait insuffisants les moyens employés jusqu'alors pour rendre le bruit du tonnerre, quand, passant près des chantiers du Louvre, il aperçut des maçons qui déchargeaient des platras par les fenêtres d'un étage supérieur, en les faisant rouler dans un conduit en charpente. Le bruit sourd et saccadé produit par la chute de ces platras, corps de formes irrégulières et de poids divers, lui inspira une idée qu'il fit mettre à exécution sur le théâtre même de l'Opéra-Comique. Une vaste cheminée ou trémie, en épaisses planches de sapin est construite, partant des *grils* et arrivant à la scène ; des traverses obliques sont disposées à l'intérieur, une trappe ferme l'orifice supérieur de ce vaste conduit. Lorsque l'appareil doit servir, une charge de moellons, de cailloux, de morceaux de fonte est placée sur la trappe qui bascule à un moment donné. Les objets s'engouffrent, rebondissent sur les obstacles, frappent les parois et retombent avec un bruit assourdissant sur les planches. Ce genre de procédé un peu encombrant ne peut servir que dans les grandes occasions,

Pour la pluie et la grêle, il est à peu près impossible d'en rendre complétement l'effet au théâtre ; l'essai en a été souvent tenté et n'a pas réussi. Il faut se contenter du plus ou moins de vérité dans l'imitation du bruissement. Pour arriver à ce bruit, on remplit de petites pierres une boite très-étroite, longue de plusieurs mètres coupée par intervalle de vannes de bois ou de métal. Les pierres en tombant, rencontrent ces vannes et ricochent de l'une à l'autre ; il s'ensuit des sons saccadés qui ont assez de rapport avec le grésillement d'une pluie d'orage.

Il y a quelques années, aux théâtres du Châtelet et de la Gaîté, on donnait deux pièces plus ou moins bibliques, et traitant chacune du déluge. Les deux théâtres en concurrence pour la représentation de ce point capital de l'œuvre, s'en étaient tirés de façon différente. Au Châtelet, lorsque le moment critique arriva, une gaze très-transparente zébrée de fils d'argent en zigzags descendait au premier plan, et tandis qu'on l'agitait, des rayons de lumière Drummond venaient se briser sur les paillettes et les faisaient étinceler. A la Gaîté, au contraire, une mince lame d'eau tombant du cintre, occupait la largeur du théâtre, tandis que la lumière Drummond faisait son apparition obligée. Le déluge du Châtelet était plus gai, plus brillant d'effet, tandis que celui de la Gaîté donnait aux personnages se mouvant sur le théâtre, un aspect plus triste, plus glauque. Malgré cette « *great attraction* » les deux pièces tombèrent et leurs déluges avec elles ; pareille tentative ne fut pas renouvelée.

La neige se fait le plus souvent avec de petits morceaux de papier que des machinistes placés sur les ponts volants des cintres, sèment à pleines mains. On a essayé de produire plus d'illusion en substituant des rognures de laine blanche aux morceaux de papier ; le moyen était dispendieux, on y a renoncé. Depuis longtemps les éclairs sont figurés au moyen d'une gigantesque pipe en fer blanc dont l'intérieur renferme du lycopodium en poudre. La partie supérieure du fourneau est garnie d'un couvercle percé de trous ; au centre se trouve une lampe à esprit de vin ; on souffle dans le tuyau, le lycopodium s'échappe par les trous, s'enflamme au contact de la lampe et s'éteint aussitôt.

Un autre moyen plus économique encore consiste à disposer un certain nombre de becs de gaz que l'on tient à la lueur bleue, et auxquels on donne du feu tout à coup en ouvrant la clef du tuyau qui les alimente.

Le procédé le meilleur est celui-ci : On découpe dans le rideau de vastes parties que l'on recouvre de calicot peint à l'essence, au moyen de la lumière électrique on jette un rapide rayon lumineux, qui vient éclairer par trensparence les endroits réservés.

Pour les cris d'animaux, un instrument spécial a été construit. C'est un tambour très-allongé fermé par une peau d'âne à une seule de ses extrémités. Sur cette peau est bandée une corde à boyau attachée par son centre à une autre corde du même genre qui traverse le tambour dans toute sa hauteur. L'exécutant, ordinairement le régisseur, place le tambour entre ses genoux puis, la main recouverte d'un gant enduit de colophane, il frotte plus ou moins vivement sur la corde, et il se produit alors des grognements prolongés sourds ou éclatants.

On s'est servi plus d'une fois de chiens, mais seulement pour des rôles muets. On n'est pas arrivé malheureusement pour l'absolue vérité à leur apprendre à répondre à la réplique : du reste, certains régisseurs ont fait une sérieuse étude de la langue canine et remplacent à merveille l'animal absent. Quant aux roulements de voitures, il suffit de la première paire de roues venue promenée avec plus ou moins de vitesse sur la scène, Les machines à imiter les sifflements du vent sont de plusieurs sortes. La plus usitée est celle-ci. Une boîte assez solide, porte l'axe d'un cylindre posé sur deux tourillons, construits par la juxtaposition de parties assemblées entre elles et présentant comme coupe un segment de cercle surmonté d'une partie saillante, assez semblable à la dent d'une roue d'engrenage, et qui forme saillie sur la surface du cylindre. Il y a ordinairement quinze à vingt de ces espèces de languettes disposées sur l'appareil dont il s'agit. Une forte étoffe de soie est disposée sur le bâti, par dessus le cylindre. De petits boulons, que l'on serre à volonté, permettent de la tendre plus ou moins. Quand, au moyen d'une manivelle, on imprime un mouvement giratoire au cylindre, le frottement de la soie sur les languettes produit un grincement continu imitant, à s'y méprendre, le sifflement du vent qui s'engouffre dans les cheminées ou les corridors.

LE FOYER ET LES COULISSES

PENDANT LES REPRÉSENTATIONS DE

ORPHÉE AUX ENFERS

Les trois ou quatre rédacteurs qui signent la « *Soirée théâtrale* », au *Figaro*, du pseudonyme de : « *Un Monsieur de l'orchestre* », ont publié, pour être vendue dans la salle de la Gaîté, pendant les représentations d'*Orphée,* une jolie brochure illustrée de plus de 50 vignettes par Bertall. Cette brochure énumère avec beaucoup d'esprit l'historique de la pièce ancienne et les changements que l'impressario-maëstro a dû lui faire subir, les morceaux de musique inédite ; elle nomme et biographie les interprètes nouveaux, et enfin, (c'est là où je m'accroche au bras du *Monsieur de l'orchestre*) il fait faire, à qui veut bien avec lui, le *voyage autour d'Orphée aux Enfers*, c'est-à-dire une excursion, qu'il n'est pas donné à tout le monde de faire en pleine féerie, à travers les foyers, les coulisses et les loges d'un théâtre comme la Gaîté. Attention, lecteurs, le voyage commence, écoutez-bien l'aimable brochure qui parle.

Je monte au premier; cet étage, ainsi que le second, est consacré aux loges des artistes. C'est là que se trouvent la loge de Mme Théodore, qu'on est en train d'installer; celle de Mme Cico, où — luxe plein d'éloquence! — je remarque une cuvette et un pot à eau en argent.

Au second, MM. Gravier, Grivot, Jean-Paul et Meyronnet occupent une grande pièce qui se distingue par ses glaces à cadres en citronnier. Ces messieurs ont pour voisin Christian dont la chambrette est tapissée de numéros de la *Lune*, de l'*Eclipse* et autres journaux à images. Montaubry, au contraire, s'est meublé comme à l'Opéra-Comique; il a des portières en étoffe algérienne, des rideaux pareils et un divan turc. Mlles Elvire Gilbert et Fontebello sont casées ensemble, seulement l'actrice est séparée de la danseuse au moyen d'un paravent. Quand cette dernière essaye ses ronds de jambe, le malheureux paravent est généralement renversé. En entrant chez Mlle Perret, on se croirait dans une chambre d'hôtel garni, rien n'y manque ni la chaise recouverte d'un damas fané, ni le canapé en velours rouge, ni la glace au cadre classique. On cherche machinalement le portrait de Poniatowski ou la gravure représentant le

Mauvais sujet et sa famille. La loge de Mme Matz-Ferrare est la loge simple et sévère de la femme mariée ; signe particulier : une bouteille de malaga sur la toilette. D'autres loges encore, sans importance, sont réservées à d'autres actrices et danseuses.

Je reprends mon ascension et je monte au troisième, dans la loge du corps de ballet. Le décors change : ce n'est plus la petite cellule où s'habille une seule artiste, ni la grande salle où se costument les figurants ; c'est une jolie petite pièce bien chauffée, bien gaie, où le gaz brille plus clair et où l'on respire cette atmosphère particulièrement agréable se dégageant d'un groupe de femmes qui se parfument. Ce n'est pas luxueux, et c'est sur des tablettes de bois blanc que sont étalés les objets de toilette ; mais il n'est rien de plus propret que cette ruche gracieuse, dans laquelle il est agréable de pénétrer au moment où les mouches déploient leurs ailes. Les unes sont assises, les autres debout, d'autres enfin n'ont encore que leur maillot rose ; ce sont des chrysalides qui vont devenir des papillons.

Au quatrième, les choristes hommes ; ils sont un peu mieux logés que les comparses, et leurs tendances artistiques se manifestent par des dessins au crayon de couleur qui couvrent les murs. Il y a, entre autres portraits, un pirate de la savane qui ne serait pas déplacé dans un cadre.

Au cinquième, sont casées de petites figurantes ; elles occupent la place autrefois réservée aux singes du *Roi Carotte*.

Au sixième, je trouve les choristes dames ; même disposition que dans la loge du corps de ballet, mais c'est plus pauvre. Presque toute la soirée, on y soupe frugalement d'un morceau de viande froide, sans autre assiette que le papier graisseux qui l'enveloppait, le tout presque mêlé au rouge et au blanc. Quelquefois, il arrive aux soupeuses, quand elles sont pressées par les exigences du service, de mettre de la poudre de riz en guise de sel sur leur gigot ou de frotter dans le sel la patte de lièvre destinée au maquillage.

Au septième, enfin, c'est le grenier, où sont reléguées les comparses femmes. Si l'on n'était accueilli, en entrant, par les éclats d'une gaieté bruyante, on se figurerait qu'on vient faire une visite de charité dans une famille d'indigents. Les figurantes sont, en général, de pauvres ouvrières, bien contentes d'ajouter vingt sous à ce que leur rapporte le travail de la journée.

Si tous les étages varient par leur aspect, on y entend en revanche fredonner les mêmes refrains. Partout où je passe, j'entends chantonner en sourdine le fameux :

> Tra la la la, la la, partons,
> Oui, partons,
> Oui, partons !

ce chœur enlevant, qui précède et accompagne le fameux cortége final du deuxième acte. Il est certainement aussi curieux de voir ce cortége se former dans les coulisses que d'assister à son défilé sur la scène.

Il a fallu, pour le régler, tracer tout un plan de bataille, que le plus habile tacticien ne désavouerait pas. Tous les couloirs, tous les débouchés, toutes les portes ont été utilisés. Chacun y a sa place marquée, jusqu'au moment où, sur un signe de Baudu, le troisième régisseur, tout le monde se met en branle. On dirait des soldats se mettant en marche sur un commandement de leur chef. Il y a nécessairement quelques retardataires dans le nombre. Tantôt c'est le Temps qui saute précipitamment sur sa faux et traverse les rangs en criant :

— Place, place, messieurs et dames !

Ou bien c'est Neptune qui a oublié son trident dans un coin. On entend la voix de l'avertisseur :

— Ohé, les cyclopes ! Par ici, la Fortune ! Allons, Cybèle, pas devant Flore !

Le défilé terminé, tout le monde se précipite au vestiaire des accessoires où, tout le long des couloirs, chaque objet à sa patère désignée.

Ici, ce sont les lyres des syrènes; là, les thyrses des bacchantes, des coupes, des amphores, des boucliers, des lances, des carquois.

Le spectateur qui, de sa place, assiste tranquillement à ce déploiement féerique, ne se rend pas compte de tout ce qu'il faut d'énergie, de vigilance et d'activité pour mettre en mouvement, pour maintenir un personnel si nombreux. Il ne s'imagine pas tout ce que ce plaisir, procuré à ses yeux et à ses oreilles, représente de fatigues, de peines, d'émotions à l'état-major qui manœuvre sous les ordres du général Offenbach.

Le jeune Mendel, le parfait secrétaire, constate avec plaisir que, d'ici longtemps, il ne se fatiguera pas la main à libeller des billets de faveur.

Une fois sorti du quartier, descendez, tournez à droite, et vous voici dans le foyer des artistes. C'est une salle plus longue que large, avec des divans en velours rouge, des glaces à profusion et une cheminée au milieu.

Pendant les entr'actes, Jupiter y trône au milieu de sa cour, qui ne manque jamais de lui faire des compliments sur son dernier calembour ; Mercure y cause avec Minos et Rhadamante, qui tiennent leurs perruques à la main. Le gros bourdon du ballet des Mouches y attend philosophiquement son armature de laine qu'un habilleur lui apporte au moment d'entrer en scène. Des policemen de l'amour, dans leur joli collant gris-fer, s'y promènent deux à deux ; Stop y prend sur son album le croquis d'une déesse couronnée de roses, qui, en attendant son tour, s'occupe à enfiler des perles.

Au dernier entr'acte surtout, l'animation du foyer devient grande. C'est à ce moment-là une invasion de déesses ; toutes donnent un dernier soin à leur costume. Pomone aide Vénus à fixer les lacets de son soulier de satin rose ; Diane étudie devant un glace l'effet de son opulente coiffure.

Passe Vizentini.

— Mes enfants, crie-t-il, nous ne bisserons pas ce soir l'hymne à Bacchus!

A côté, séparé du foyer des artistes par le cabinet de M. Taigny, l'habile directeur de la scène, se trouve le foyer de la danse, un petit foyer, un peu triste, peut-être, quelque chose comme le parloir d'un pensionnat. Là, des groupes divers se forment. Des groupes de nationalités diverses. C'est un caquetage incessant à travers lequel on distingue un peu de toutes les langues : de l'anglais, de l'italien, de l'espagnol.

Une petite mouche de quatre ou cinq ans s'y est endormie sur les genoux de sa grande sœur.

Tout à coup, le maître de ballet se montre :
— Vous avez bien, toutes, vos ailes ? leur crie-t-il.

Et voilà tout le monde qui se lève ; la petite mouche se réveille en se frottant les yeux, et le foyer se vide sur la scène pendant que l'employé chargé de faire manœuvrer la lumière Drummond projette sur cet escadron papillonnant les rayons bleus de son appareil.

En quelques lignes, j'ai essayé de retracer le tableau des coulisses telles que quelques rares privilégiés peuvent les voir. Mais les coulisses elles-mêmes ont leurs coulisses, où les personnes étrangères au service ne pénètrent sous aucun prétexte : ce sont les loges où s'habillent les artistes, celles des choristes, des comparses, des figurantes, des choryphées du ballet, etc.

Une haute protection m'en a pourtant facilité l'accès. J'ai été conduit à travers ce dédale de couloirs et de loges par le régisseur général, l'aimable M. Vazeille, que son emploi appelle dans ces réduits à toute heure de la soirée, et pour lequel n'y a pas portes closes.

Je commence par descendre un étage, et je me trouve au bout d'une voûte humide dans laquelle le vent s'engouffre avec fureur dans un tout petit cabinet où s'habillent les enfants. Au milieu des gamins, un pompier est debout, les empêchant, par sa surveillance continuelle, de toucher au gaz.

En face est un immense boyau qui servait autrefois de passage au souverain, et dans lequel on a installé les comparses — hommes. On dirait un poste de corps de garde, à la sortie d'un bal masqué. Sur une quadruple rangée de bancs, les figurants sont assis, attendant leur appel en scène. Les uns sont déjà habillés, les autres s'habillent ; au-dessus d'eux pendent les blouses, les paletots rapés, les chapeaux mous qu'ils viennent de quitter pour se vêtir d'or et de soie, et rien n'est étrangement comique comme ce contraste. La salle est faiblement éclairée, mais suffisamment chauffée. A côté, il y a d'autres loges ayant la même destination et ressemblant, celles-là, aux simples violons des postes de police.

A côté de ce que tout le monde peut voir de son fauteuil ou de sa loge, il est un autre spectacle, non moins intéressant, et qui pique d'autant plus la curiosité du public, que la vue lui en est interdite : ce sont les coulisses, l'envers de la féerie, ces recoins mystérieux où se meut tout un monde d'acteurs, d'actrices, depuis la première chanteuse jusqu'à la dernière figurante. Les coulisses ne sont pas ce qu'un vain peuple pense, ni ce qu'en ont fait une foule de romanciers fantaisistes qui n'y ont probablement jamais mis les pieds. Il serait puéril de croire que les fils de famille viennent y récolter des conseils judiciaires ou que les journalistes viennent y semer et y récolter les mots plus ou moins heureux dont ils émaillent leurs articles. Les coulisses d'un grand théâtre comme la Gaîté sont régies presque militairement et on y est à cheval sur la discipline. Ceux même qui jouissent de leurs entrées ne passent pas sans un léger serrement de cœur devant le concierge de la rue Réaumur, un fonctionnaire peu commode qui ne badine pas avec la consigne.

Montez au premier, tournez à droite, gravissez les marches étroites d'un petit escalier et vous vous trouvez dans l'antichambre du cabinet directorial. Ce cabinet est une grande et belle pièce carrée tapissée de reps vert et ressemblant, par l'ameublement, au bureau du chef de division d'un ministère. Offenbach y reçoit ses lieutenants, ses chefs de service ; on lui apporte vers neuf heures le chiffre de la recette et on lui fait un rapport détaillé sur la façon dont marche la représentation. Pendant les quinze premières soirées d'une pièce nouvelle, le maëstro est là constamment, donnant ses ordres, faisant ses observations, rédigeant de vrais ordres du jour, qui sont immédiatement affichés au foyer des artistes. Cela ne l'empêche pas de recevoir ses collaborateurs et quelques intimes. Crémieux apporte des nouvelles de la *Jolie Parfumeuse*, Ludovic Halévy arrive constater le succès de la pièce dans laquelle il a une part de collaboration anonyme, Marcelin demande des dessins de costumes pour sa *Vie Parisienne*, Vizentini, en habit noir et en cravate blanche. comme il convient à un bon chef d'orchestre, vient avec Tréfeu, l'heureux caissier, s'incliner devant le maître.

Comme deux courtisans s'inclinent !
Sans s'inclinent !
Sans s'inclinent !

DÉCORS & MISE EN SCÈNE

En 1763, on fit paraître sur le théâtre de l'Académie royale un magnifique décor représentant l'église Sainte-Sophie de Constantinople. Ce décor, fait pour le théâtre de la cour, à Fontainebleau, fut donné par le roi. Il était incrusté de cristaux et de pierres précieuses.

A la septième reprise de *Thésée*, de Lulli, l'Opéra fit les frais d'une mise en scène extraordinaire. « Minerve descend de l'empyrée dans un nuage qui couvre tout le théâtre; cette vapeur disparaît lentement et laisse voir un palais magnifique à la place de celui que Médée vient d'embraser, changement qui ne pouvait être fait à vue sans cet artifice. »

Le peintre Boquet était l'auteur de cet adroit expédient, qui depuis a servi dans toutes les pièces à spectacle. C'est ce même Boquet qui fut nommé peintre de l'Académie royale... pour les nuages. Il paraît qu'il les exécutait fort bien et que l'Académie en faisait une grande consommation.

En 1765, dans *Castor et Pollux*, on voit pour la première fois des démons armés de torches de lycopode avec réservoir d'esprit de vin, qui, lorsqu'ils les secouent, les enveloppent de flammes d'un grand effet.

En 1766, dans *Aline, reine de Golconde*, les frais de mise en scène montent à 33,000 livres, somme énorme à cette époque ; c'est la première fois qu'une dépense aussi considérable est faite pour un ouvrage nouveau.

En 1768, le roi de Danemark vint à Paris et voulut assister à la représentation du *Devin de Village*, pastorale de Jean-Jacques Rousseau. On fit paraître les bergers Colin et Colette dans un palais orné de pierres précieuses, fait pour *Phaéton*.

Bellérophon, joué le 20 novembre 1773, à Versailles, coûta 350.000 livres pour ses décors, ses costumes et ses machines ; nous voilà bien loin des 33,000 livres qu'avait coûtées *Aline* sept ans auparavant.

La mise en scène fait en ce temps des progrès rapides.

Dans *La Tour enchantée* (1775), on voit des chars attelés de quatre chevaux. Près de huit cents costumes avaient été faits expressément pour cette pièce, représentée aux Tuileries. C'était la première fois qu'on mettait plusieurs attelages à quatre chevaux en scène. Près d'un siècle auparavant, un cheval vivant, qui figurait Pégase, s'envolait au ciel au moyen de deux grandes ailes qui s'agitaient si bien, que l'effet en était magnifique et que tout le monde le voulait voir.

En 1775, dans *Ernelinde*, grand luxe de mise en scène, décors dessinés par Boquet et peints par Sparni, Bandou et Tardif.

Les œuvres de nos vieux poètes tragiques, Corneille et Racine, que l'on avait vues si mesquinement décorées de leur temps, sont représentées avec tout le luxe nouveau.

En 1776, au troisième acte d'*Alceste*, de Gluck, une décoration représentant l'entrée des Enfers, est fort admirée : elle était peinte par Machy.

En 1779, on met sur le théâtre des épisodes de la guerre d'Amérique (*Miza*, ballet guerrier). On y voit succomber les Anglais à chaque tableau.

C'est un prologue des grandes pièces militaires que le théâtre montera plus tard; 43,000 livres sont dépensées en décors et costumes.

Le seul grand souvenir de mise en scène de l'année 1793 fut la *Marseillaise*, mise en action sous le titre de l'*Hymne à la Liberté*. La scène était couverte de soldats, de femmes, d'enfants et de cavaliers, rangés à gauche et à droite du théâtre; au dernier couplet chanté lentement à demi-voix, acteurs, spectateurs, chevaux même, tous s'agenouillaient, tandis que les cavaliers saluaient avec leurs armes et leurs étendards ; à la fin du couplet, le canon retentissait et les clairons sonnaient ; le théâtre était envahi par la foule armée qui entonnait à pleine voix le refrain : Aux armes !

Une ou deux de ces représentations eurent lieu sur le boulevard Saint-Martin, en plein jour, devant le théâtre. Un autre jour, les acteurs, les machinistes furent convoqués à Notre-Dame pour célébrer la fête de la Raison. Un théâtre avait été élevé dans la basilique et la représentation eut lieu par un froid de *douze degrés au-dessous de zéro*.

Les pauvres artistes étaient transis, ce qui ne les empêcha pas de recommencer le lendemain par ordre.

En août 1796, on reprit *Alceste*, de Gluck, avec un grand luxe de mise en scène ; un seul décor, peint par Degotti, avait coûté *cent mille francs*.

On n'a rien à signaler pendant les dernières années du dix-huitième siècle et les trois premières du dix-neuvième.

En 1804, on remarque *Ossian*, mise en scène assez soignée.

En 1807, la *Vestale*, de Jouy et Spontini.

ORIGINE

DE LA

PIÈCE A FEMMES

Au temps où Julius Janinus était préteur... pas sur gages, une Rigolboche nommée Flora avait amassé, à la sueur de ses tibias, quelques milliers de sesterces.

Avant de mourir, elle institua légataire de cette fortune le Sénat, — qui accepta, — à la condition que, tous les ans, à l'anniversaire de sa mort, on donnerait des réjouissances théâtrales publiques et gratuites, dans lesquelles figureraient ses compagnes. Celles-ci furent surnommées les *Flora* par le peuple.

Lactance décrit ainsi ces représentations :

> Meretrices, flagitante populo, nudatis
> Corporibus, mimorum fungebantur officio.

Un jour que les *Flora* donnaient une représentation, Caton entra au théâtre. Averties de la présence du censeur, les actrices n'osèrent pas se montrer sur la scène, jambes et épaules nues, et commencèrent à jouer, enveloppées dans de longs pardessus.

Cela ne fit pas l'affaire du public qui se mit à interpeller le trouble-fête et à crier : *A la porte! à la porte!* sur un air qui s'est conservé jusqu'à nous et que nous désignons par : *Air des Lampions.*

Alors Martial, qui se trouvait dans la foule, demanda la parole et décocha au malencontreux interrupteur des plaisirs publics cette épigramme qui fut couverte d'applaudissements :

> Nosces jocosæ dulce sacrum Floræ
> Festoque lusus et licentiam vulgi,
> Cur in theatrum, Cato, severe venisti ?
> An ideo tametsi veneras ut exires ?

Caton comprit qu'il s'était fourvoyé et décampa.

Des bravos frénétiques saluèrent sa sortie.

Puis, les voiles tombèrent et le spectacle continua.

La pièce à femmes était inventée!!!

L'ENVERS DES COULISSES

Quand le rideau se lève vous apercevez sur l'avant-scène un petit rideau, une draperie d'ornement; ce petit rideau, qui ne se lève et ne se baisse jamais, c'est le *manteau d'arlequin*. Toute scène se divise en deux côtés désignés : *côté cour* et *côté jardin*.

Le côté cour est à la droite de l'acteur; le côté jardin à gauche.

Ces appellations des deux côtés de la scène remontent aux représentations de gala données chez les souverains dans des résidences royales où le théâtre se trouvait inévitablement placé entre une cour et un jardin.

Derrière tous les décors, on lit, écrit en gros caractères, le côté auquel ils appartiennent.

La décoration se compose :

De *rideaux simples* et de *rideaux à bâtis*, de *châssis* ou *coulisses*, de *fermes*.

Les rideaux simples s'expliquent d'eux-mêmes : ils descendent du haut du théâtre, c'est-à-dire du *cintre*, en se déroulant par le milieu.

Sur les rideaux *à bâtis* certaines parties

en bois permettent de pratiquer des ouvertures, des portes, des fenêtres.

Les *châssis* sont moitié bois, moitié toile.

On appelle *ferme* toute décoration, montagne, maison, etc., qui est ferme, c'est-à-dire en bois. La ferme est attachée sur des *âmes* qui montent des *dessous* au moyen de contre-poids.

Les *âmes* sont des morceaux de bois avec lesquels on fixe les *fermes* quand elles n'ont pas besoin de *praticables*.

Les *praticables* se placent derrière les fermes et servent à monter sur celles-ci.

Les *chariots* sont des espèces d'échelles massives sur lesquelles s'appuient les fermes et qui roulent, comme l'indique leur nom, dans des rainures dites *costières*.

Les *fermes* avancent ou reculent, roulées par des *chariots*.

Les *portants* se placent derrière les *fermes* pour les soutenir et les éclairer. Je ne peux mieux comparer un *portant* qu'à un bâton de perroquet dont les échelons sont en fer.

Les *chariots* roulent, les *portants* se plantent.

La première trappe anglaise introduite à l'Opéra remonte à *Robert le Diable*, à l'acte des nonnes. Quand on fit l'expérience des nouvelles *trappes*, aucune nonne n'osa se risquer, toutes reculèrent devant cette descente périlleuse ; et cependant la figurante est d'une intrépidité à toute épreuve : elle brave en riant mille dangers, elle s'encaisse dans des *gloires* de théâtre, vole suspendue à des fils de fer, traverse des ponts en carton et marche sur des toits de maison en toile.

La *trappe anglaise* avait paralysé le courage de ces femmes ordinairement si héroïques. Il fallut que M. Duponchel donnât l'exemple et se risquât le premier. Le rôle de Décius faillit lui coûter cher : il n'était pas encore bien solidement posé sur la trappe, elle s'effondra tout à coup sans le prévenir, et il descendit plus vite qu'il ne remonta. Les nonnes se mirent à rire, et ce fut alors à qui tenterait la descente aux enfers.

On a poussé jusqu'à la perfection l'art de l'éclairage pour la décoration. On a introduit le gaz partout ; on éclaire d'en haut, d'en bas, à droite, à gauche. Autrefois les ignobles quinquets sales et puants ne jetaient sur la scène que des demi-jours incertains et blafards. Pour allumer, placer, accrocher ces obscurs lumignons, on perdait des heures entières et on ne réussissait presque jamais. Mais le gaz est inventé et la lumière se fait partout avec la rapidité de la pensée. Le gaz s'allume et s'éteint d'un mot, d'un geste, d'un signe.

Du *cintre* où l'on rencontrait tant de difficultés insurmontables, du cintre s'échappent à volonté des flots de lumière improvisée. Une foule de *herses à gaz*, enveloppées de toiles métalliques, sont aux ordres des décorateurs et des peintres; on varie, on modifie, on augmente, on diminue les becs selon les nécessités de l'ouvrage et les règles de l'art. Il est assez curieux de voir comment s'exécute matériellement l'éclairage qui part du cintre d'un théâtre comme la Gaîté. Un machiniste crie sur le théâtre : *Lâchez la commande* (traduisez : le *fil* commandé). A cet ordre : *lâchez la commande !* un *fil* descend du *cintre;* on y attache une *herse à gaz*, et à un nouvel ordre la *herse* remonte.

La mer de feu n'existe qu'au théâtre : à l'Opéra et à la Gaîté; mais dans ces deux théâtres elle existe réellement.

On accroche aux *portants* les rampes à gaz ou les quinquets et on fixe les *fermes* aux échelons de fer avec des cordes.

Que dis-je, des cordes? Il n'y a pas de cordes, il n'y a que des *fils;* tout est *fil*, sauf le *fil* lui-même qui change de nom aussitôt qu'il sert à attacher. Il prend alors le nom de *guinde*.

Rideaux à bâtir, fermes, praticables, chariots, portants. Comme ces noms sont intelligemment choisis ! Ils ont tous leur signification, leur origine raisonnable. L'argot du machiniste a sa raison d'être.

Quand elles doivent disparaître, les *fermes fondent* dans le *premier dessous*, et, si leur taille l'exige, dans le *deuxième* ou *troisième dessous*.

Dessous veut dire étage.

Les théâtres de l'Opéra, de la Gaîté, du Châtelet, de la Porte-St-Martin et de l'Ambigu ont trois étages sous-sol d'une élévation ou profondeur suffisante pour recevoir les *fermes* de la plus haute dimension.

Les ouvertures qui sont dans le plancher et par lesquelles montent les *fermes* sont des *trappillons*. A l'Opéra, au premier acte de la *Jolie fille de Gand*, le changement de décoration du second tableau se fait à vue. — Un coup de sifflet trop tôt donné par le chef machiniste faillit causer un grave accident qui se changea heureusement en un épisode risible. — Vestris, qui dansait avec Mlle Maria, se sentit tout à coup emporté à califourchon par une *ferme* qui arrivait trop tôt.

Avertie par les cris de toute la salle, la ferme rebroussa chemin et déposa à terre son cavalier sain et sauf. Mlle Maria fut encore plus heureuse à une représentation de la *Jérusalem ;* emportée par un élan trop rapide, elle fut précipitée dans l'orchestre des musiciens et disparut dans une contrebasse. Il n'y eut de blessée que la contrebasse.

Le théâtre, qui a trois étages inférieurs, n'en a que deux supérieurs : le *cintre* et le *gril*.

Dans le *cintre* il y a un *pont de service* à droite et à gauche, et un troisième qui traverse tout le théâtre.

Les *trappes* se divisent en trappes ordinaires et en *trappes anglaises*.

Trappes ordinaires : leur nom en dit assez.

Les *trappes anglaises* ne se voient pas et se referment d'elles-mêmes avec une rapidité qui exige une certaine habileté et un certain courage de la part de celui ou de celle qui se laisse engloutir dans le premier dessous.

LA GAITÉ DE 1830

NAPOLÉON AU PARADIS

Le 17 novembre 1830, sur le théâtre de la Gaîté, on représenta *Napoléon en Paradis*, vaudeville en 1 acte, de MM. Simonin, Benjamin (Antier) et Théodore (Nezel). Les personnages étaient : saint Pierre, joué par Leménil; l'ange Gabriel (Mme Leménil); Marengo, vieux soldat; Zéphirine, danseuse de l'Opéra ; sainte Camille, sœur de Charité ; Arcole, héros de Juillet; Ernest, élève de l'Ecole Polytechnique ; des anges, des chérubins, des victimes des journées de Juillet, etc. Le décor est ainsi décrit : Le théâtre représente des nuages; à droite de l'acteur, l'entrée du Paradis, fermée par une porte cochère à côté de laquelle est pratiqué un guichet ; tout près, en face du public, est la loge de saint Pierre, au-dessus de laquelle est écrit : *Parlez au suisse*. Toujours à droite, il y a un espace qui représente le dehors, toujours près de la coulisse ; c'est de là que l'on vient frapper à l'extérieur, à la porte cochère. Cet espace est à l'entrée de la coulisse, de sorte que les personnages qui viennent frapper sont vus du public. Le fond est tout en nuages groupés d'une manière pittoresque. Au lever du rideau, Saint Pierre est dans sa loge, occupé à faire des filets. Les anges regardent le ciel ; ils sont en extase.

Chœur des Anges, sur l'air : *O Filii :*
Nous adorons l'auteur divin
Qui créa tout le genre humain,
Les animaux, *et cœtera.*
Alleluia !

Après le chœur, vient un couplet de l'ange Gabriel, sur la création :

Le Dieu qu'ici l'on révère,
En six jours, sans trop chercher,
A fait le ciel et la terre ;
Certes, c'est se dépêcher.
En six jours, la machine ronde !
Ah ! vraiment, si le Créateur
Avait mis, se piquant d'honneur,
Plus longtemps à faire le monde,
Sans doute il l'eût fait meilleur.

Les anges bâillent, ils s'ennuient à chanter toujours les louanges de Dieu. Ils se moquent de saint Pierre et de ce qu'il leur dit sur les châtiments qui attendent les déréglements et les vices terrestres. Puis vient dans la bouche de saint Pierre un couplet de facture, qui est un tableau dérisoire et grotesque de la résurrection des morts, comme on n'en trouverait dans aucun vaudeville de 1793 :

Quand sonnera la trompette
Pour le jugement dernier,
Chacun doit à cette fête
Ressusciter tout entier.
Ceux qui par maints accidents
Furent mutilés vivants,
Pour le jour du grand arrêt
Seront tous au grand complet.
On verra pour leur remonte
Des membres en tas, si bien
Que chacun aura son compte
Et retrouvera son bien.
D'ici, voyez-vous là-bas
Le manchot chercher son bras,

Et, sortant de son cercueil,
Le borgne chercher son œil ;
Et cette vieille édentée,
Pour plaire à ses prétendants,
A peine ressuscitée,
Aller ramasser ses dents.
Voyez, avec leurs bâtons,
Ces aveugles, à tâtons,
Cherchant bien, et tout joyeux
De retrouver leurs deux yeux.
Et ce boiteux dans la lice
Courant sur tous les chemins
Après sa jambe ou sa cuisse,
Qu'il ramasse avec ses mains.
Bref, ceux qui voudront alors
Mettre de leur pauvre corps
Quelques fragments à l'écart,
Seraient toujours repris, car
Quand sonnera la trompette
Pour le jugement dernier,
Chacun doit à cette fête
Ressusciter tout entier.

Plusieurs âmes venues de la terre frappent successivement à la porte du Paradis, et y réclament leur admission. La danseuse Zéphirine entre en dansant le pas du shall, de compagnie avec la sœur de Charité sainte Camille. La danseuse fut exposée à bien des tentations ; mais c'est à tort que saint Pierre félicite la sœur de Charité d'avoir échappé à ces dangers-là dans les hôpitaux où elle a exercé son ministère. « Et les carabins... pour qui les comptez-vous ? » lui dit la nymphe de l'Opéra. Ensuite viennent l'ouvrier et l'élève de l'École Polytechnique, avec d'autres combattants morts comme eux en juillet, et qui font leur entrée sur l'air de la *Parisienne* ; puis le vieux soldat Marengo, qui veut absolument retrouver là-haut son empereur, le grand Napoléon. Les combattants de Juillet distribuent des cocardes tricolores aux anges, qui s'en décorent, malgré l'apparition de saint Pierre. Bien plus, ils se mettent en révolte ouverte contre lui et le garrottent dans sa loge. Saint Pierre est forcé d'arborer à son tour les trois couleurs, en même temps qu'il doit renoncer à son titre de *suisse*, ce nom-là étant désormais proscrit. Enfin, Napoléon paraît porté dans une gloire.

> Comme à sa gloir' personne ne peut atteindre,
> Faut qu'il soit seul, seul au-dessus de tous.

Le vieux soldat prétend savoir pourquoi on faisait difficulté d'admettre le grand homme dans le ciel :

> Vous l' craignez encore aujourd'hui,
> Vous vous rappelez, mes bons apôtres,
> Qu' jadis il était maître chez lui,
>   Et souvent chez les autres.
> En le laissant libre en ce lieu,
> On craindrait qu'un jour de goguette
> Le caporal dise au bon Dieu :
> Ote-te toi d'là que j' m'y mette.

Certes, on ne saurait pousser plus loin la dérision pour ce qui est divin et adorable, et d'une autre part l'adoration pour une créature humaine. D'un côté, la divinité bafouée, et de l'autre Napoléon divinisé, voilà qui résume non-seulement ce vaudeville, mais encore tout l'ordre d'idées d'où il procède, c'est-à-dire Béranger, qui lui-même eut aussi son apothéose quelques mois après (août 1831), au théâtre du Palais-Royal, sous le titre de :

LES CHANSONS DE BÉRANGER

ou

LE TAILLEUR ET LA FÉE

par MM. Vanderburch et Ferdinand Langlé.

> Il n'a rien à sa boutonnière,
> Honneur, honneur à Béranger !

Ainsi disait un des couplets les plus applaudis, et les bravos étaient une manière de protester contre l'abus de la décoration, autant qu'une façon d'honorer le héros de la pièce.

FIN DU TOME PREMIER

Paris. — Richard-Berthier, 18 et 19, pass. de l'Opéra